Alguien te espera

Keila Ochoa Harris

Historias para escribir la tuya

e625.com

ALGUIEN TE ESPERA
e625 - 2020
Dallas, Texas
e625 ©2020 por Keila Ochoa Harris

Todas las citas bíblicas son de la Nueva Biblia Viva (NBV) a menos que se indique lo contrario.

Editado por: **Marcelo Mataloni**
Diseño: **Nati Adami / Luvagraphics**

ISBN: 978-1-946707-33-8

IMPRESO EN ESTADOS UNIDOS

Contenido

Introducción

Toc, toc. ¿Quién es? ¿Hay alguien en casa?

¿Te acuerdas de tus juegos infantiles? Pero tú ya eres mucho mayor para esas rimas y bromas; ya pasó la época de jugar con muñecas, aun cuando hay días en que las rescatas del librero y en lo secreto de tu habitación hablas con ellas.

Eres lo que hoy en día se dice una adolescente. O preadolescente. ¿Pero acaso no es lo mismo? No eres ni niña ni mujer; aún vas al colegio y no trabajas —o solo cuidas niños y te pagan por ello—. Tu vida gira en torno a exámenes y fechas de entrega de trabajos en equipo, has descubierto que te gustan nuevos estilos de música y pasas más tiempo pensando en tu atuendo para salir a la calle que cuando solo te ponías una camiseta y unos pantalones cortos sin importar si los colores combinaban.

Incluso hay cosas que están pasando dentro de ti que no comprendes del todo: te importa demasiado lo que los amigos piensan de ti, te duele cuando no te invitan a una fiesta, te descubres a ti misma soñando con un chico en especial (o uno que solo existe en tu imaginación) y te preguntas qué pasará en unos años cuando vayas a la universidad. A veces, por la noche, pierdes el sueño pensando en muchas cosas, desde tus relaciones de amistad hasta las grandes preguntas de la vida.

Te gusta perderte en los libros o en las series televisivas; sueñas despierta, y te molesta cuando papá o mamá quieren conversar todo el tiempo y enterarse de todo lo que te ocurre. ¿Acaso no mereces un poco de privacidad?

Toc, toc. ¿Quién es? ¿Hay alguien en casa?

¡Sí! ¡Tú estás en casa! Tal vez ya no eres la niña pequeña de papá pero todavía te gusta que te llame «princesa»; no eres una mujer aún pero te emocionas cuando tu madre te invita a ir de compras con ella. Soportas a tus hermanos menores y quisieras ser más incluida por tus hermanos mayores, pero en el fondo sigues contenta por ser parte de una familia.

Al mismo tiempo, tu grupo de amigos se ha convertido en algo importante para ti: lo que tus amigas opinen pesa mucho, lo que los chicos piensen de ti es fundamental, y lo que ellos hagan y la agenda escolar han tomado el lugar de las reuniones familiares en casa de la abuela.

Toc, toc. ¿Quién es? ¿Hay alguien en casa?

La pregunta principal que ronda tu cabeza es: ¿quién eres? Por supuesto que sabes tu nombre, pero esta pregunta abarca algo más profundo y trascendental. ¿Eres tu nacionalidad? ¿Eres tu apellido? ¿Eres tus calificaciones? ¿Eres tu apariencia física? ¿Eres ese alguien que nadie conoce más que tú?

Eres alguien, aun cuando a veces sientes que no eres nadie, y estás descubriendo que hay otros alrededor: alguien que te extraña si faltas a clases, alguien que necesita que ayudes en la cocina, alguien que te regaña cuando no haces la tarea.

Capítulo 1
Alguien te ama

Los miserables es un libro clásico que narra la historia de un hombre que encuentra una segunda oportunidad. Esta obra maestra se ha llevado al cine y al teatro, pero cuando asistí a la versión de teatro musical una canción se grabó en mi mente. Éponine es una chica pobre que se enamora del joven apuesto que termina con la chica principal. En medio de la noche, sola y de regreso a su casa, ella canta:

> *A veces camino sola por la noche,*
> *cuando todo el mundo está durmiendo.*
> *Pienso en él y estoy feliz…*
> *Al acabar la noche, él se va, y el río es solo un río…*
> *Lo amo, lo amo, lo amo, solo en mi interior.*

La canción, en pocas palabras, habla del amor no correspondido. ¿Te suena familiar? Recuerdo uno de mis primeros instantes cuando supe que ya no era una niña sino una adolescente: miré por la ventana y vi a mi mejor amigo caminar por la calle con otra chica, pero ya no era ese amigo con el que pateaba un balón o inventaba cuentos sino un amigo especial que de repente prefería conversar con otra chica que no era yo. ¡Obviamente me enfadé!

¿Por qué el amor es un tema tan doloroso? Lo escuchamos en canciones y lo vemos en películas; todas queremos ser *amadas*. Los psicólogos te dirán que la necesidad primordial del ser humano es sentirse querido.

Leí que Federico II de Prusia decidió realizar un experimento para lograr soldados perfectos; instaló un hospital perfecto y eligió a cincuenta bebés para que vivieran ahí. Un grupo de enfermeros y enfermeras tenían la obligación de alimentar, asear y vigilar a estos bebés, pero existía la orden absoluta de que nadie les diera la más mínima muestra de cariño, ni siquiera con el tono de voz. ¿El resultado? Todos los bebés murieron.

Si en casa alguien me sonríe o me da un abrazo siento que puedo continuar.

¿Te imaginas? Estos bebés jamás recibieron un «te quiero», mucho menos un abrazo. ¿Cuántas muestras de amor necesitas en un día? Yo puedo asegurarte que para mí son indispensables: quizás haya tenido un día terrible, pero si en casa alguien me sonríe o me da un abrazo siento que puedo continuar.

Tristemente, muchas veces no nos sentimos queridas (aun cuando mamá nos dé un abrazo) y en la adolescencia el problema se agudiza; al desprenderte de tus padres y comenzar a transitar el camino que lleva a la vida de adulto habrá días en que sientas que nadie te quiere, y si a eso le añades que comienzas a fijarte en el sexo opuesto y que quizás el chico que te agrada no te hace caso, podrás entender por qué nos identificamos tanto con las canciones del amor no correspondido.

Por sentirnos amadas somos capaces de cometer tonterías. Pensamos que ser amadas es ser aceptadas, así que para encajar en el grupo de la escuela hacemos cosas que no haríamos si las pensáramos dos veces, pero nuestra necesidad de aceptación es mayor que nuestra prudencia; de ese modo, muchas deciden fumar, beber su primera cerveza o probar drogas, otras dejan de asistir a clases u optan por vestir de cierta manera.

¿Te has sentido así? Yo recuerdo tardes solitarias en que aseguraba que no me querían ni mis padres, ni mis hermanas, ni mis amigas y tampoco el chico que me gustaba. ¡Nadie!

¿Imaginas algo peor que no ser amada? ¡Yo sí! Aún más trágico sería llamarte «no amada», y precisamente en la Biblia encontramos a una chica que llevaba ese nombre. ¿Leemos su historia?

Un mal comienzo

La Biblia nos dice que su padre vivía en Israel, en la parte norte del reino cuando este se dividió. Probablemente esta historia transcurre en Samaria, la capital; el reino contrario era Judá y su capital estaba en Jerusalén, donde se ubicaba el templo. En Samaria habían despreciado y quitado el culto a Dios y ahora servían a los ídolos, en especial a un becerro de oro que ellos mismos habían construido.

Dios trató de advertir al pueblo del norte que su pecado los aplastaría. Era inconcebible que después de tener la verdad se apartaran de ella y sirvieran a estatuas sin vida; por ello, Dios envió a varios profetas —entre ellos a Elías, Jonás y Amós— pero en la historia que nos ocupa eligió a un hombre llamado Oseas. Su nombre significa «Dios salva».

El pecado de este pueblo había llegado a tales proporciones que se requerían medidas drásticas para lidiar con ellos.

Oseas jamás se imaginó que su propia vida sería la lección que Dios usaría para dar sus advertencias y promesas, así que la Biblia nos dice que cuando el Señor habló por primera vez al pueblo a través de Oseas, le dijo a este: «Ve y cásate con una prostituta».

¿Qué opinas? Imagina lo que sintió el profeta. Él probablemente era un hombre devoto, decente y moral. ¿Qué debía hacer? «*[...] Ve y cásate con una prostituta, y ten hijos con ella. Esto ilustrará la forma en que mi pueblo me ha sido infiel, cometiendo abiertamente adulterio contra mí al rendir homenaje a otros dioses*» (1:2). Así que Oseas se casó con Gómer, una prostituta.

¿Sabes qué significa Gómer? Prepárate para una sorpresa: Gómer viene de la palabra «perfección» o «completo». Desafortunadamente, la Gómer que conoció Oseas estaba muy lejos de ser completa y perfecta, más bien era una mujer que se había entregado a otros, que había deshonrado a su familia y que no merecía un esposo como Oseas.

Los hijos

Oseas y Gómer comenzaron a tener hijos. Cuando nace el primogénito, Dios le dice a Oseas que lo llame Jezrel, porque estaba a punto de castigar a la dinastía del rey Jehú para vengar los asesinatos que este había cometido en Jezrel. Oseas ni siquiera decidiría el nombre de sus hijos, ya que cada nombre sería una lección y una advertencia.

Para entonces, Gómer comenzó a sentirse inquieta. Tal vez se había aburrido de la rutina o simplemente decidió volver al pasado; a cambio de cosas materiales fue tras otros amantes, así que cuando quedó embarazada por segunda vez Oseas no está seguro de ser el padre. ¿Puedes imaginarlo?

Dios le dice al profeta que a la niña le ponga por nombre Lorrujama o «no amada». ¿Qué te parece este nombre? Imagina la conversación:

> — ¿Cómo te llamas?
>
> — *No amada.*

Es interesante que muchas veces nos sentimos así, pero ¿qué sentirías si te dijeran así todos los días? Ignoro cómo fue tu nacimiento; no sé si tus padres te esperaban con emoción y te sacaron miles de fotos desde que diste tu primer suspiro. ¿Tenían lista tu cuna? ¿Pasaron nueve meses soñando contigo y decidiendo tu nombre? Pero puede ser que hayas llegado como una sorpresa; tal vez no había planes para que nacieras. ¿Eres hija de una madre soltera? ¿Se casaron tus padres porque venías en camino? Sea cual sea tu situación, Lorrujama la pasaba peor: hija de una prostituta y con el nombre más cruel de la historia. Y para colmo, nace un tercer hermano al que llaman Loamí, que significa «no es mi pueblo».

Aun así, Dios hace una aclaración: le dice a Oseas que llegaría el tiempo en que Lorrujama sería llamada «la que yo amo». ¿Pero cuándo sería ese día? Por lo pronto, imagino que Lorrujama pasó una infancia triste, donde no abundaban las risas sino la vergüenza y donde ella no se sentía amada. ¿Te has sentido así?

🌸 *Una familia donde no eres amada*

La chica de nuestra historia nació en una familia disfuncional, es decir, donde las cosas no iban bien. ¿Vives en una familia donde las cosas no marchan como deberían? En la familia comienza ese cosquilleo de no sentirnos amadas; si en casa hay problemas, sentimos el desamor con más intensidad. Lee las cartas de estas chicas.

No sé qué ha pasado. Antes nos llevábamos bien; podíamos reír y conversar sin discutir, pero últimamente peleamos y discutimos por cualquier cosa. Mi madre no me entiende. Me exige buenas calificaciones y piensa que solo estoy perdiendo el tiempo, cuando en realidad estoy meditando en la vida y oyendo música. Critica mi forma de vestir, y para ella todo lo que está a la moda es indecente. En pocas palabras, me desespera.

Irma

El problema en casa es mi padre. Es estricto de un modo exagerado: no puedo llegar después de las nueve ni andar sola después de las siete. No me deja ir a fiestas. Fin de la discusión. ¿Amigas? Solo en la escuela; nada de ir a quedarme en sus casas, y mucho menos que ellas vengan a la mía. ¿Novios? Ni pensarlo. Mi padre ha de querer que me vuelva monja. Lo peor del caso es que con él no se puede charlar, se irrita de inmediato y grita. ¡Cómo desearía ser huérfana!

Susana

Detesto ser pobre. Mis hermanas y yo tenemos que compartir habitación y es un fastidio. Con mi hermana mayor peleo por la ropa: nunca quiere prestarme nada y luego usa mis cosas sin pedir permiso. El otro día manchó mi sudadera favorita con esmalte de uñas. Y mi hermana menor es una chismosa, me quita el teléfono celular para leer mis mensajes. No tengo privacidad. No puedo escuchar la música que me gusta ni ver los programas que me agradan. Mi familia no es la familia March.

Débora

Problemas familiares. Todas los tenemos. Quizás consideres los dilemas de estas chicas un poco exagerados; tal vez te identificas con alguna de ellas pero no planeas escapar de casa. Aún. Podría ser que las quejas de estas chicas no se comparen con lo que tú has vivido; tu situación familiar podría ser diez, veinte, treinta veces peor. Sea cual sea tu situación, en la adolescencia se agudizan los desacuerdos familiares: pareciera que de repente estás en medio de una familia que no te comprende o tal vez piensas que todos han cambiado. Quizás la que esté cambiando seas tú. Lo cierto es que, como dijo una de estas chicas, «mi familia no es la familia March».

La familia March

Uno de los libros que leí en mi niñez y luego en mi adolescencia fue *Mujercitas*. En casa éramos tres hermanas y yo imaginaba que cada una representaba a una de las chicas March (por supuesto que nadie interpretaba a Beth pues no me gustan las tragedias, pero yo y mi hermana segunda debatíamos entre ser Meg o Jo mientras que mi hermana menor encajaba bien con Amy).

Parte del encanto de esta novela radica en la familia que forman las chicas March. La recuerdo como una familia donde reina el amor: Jo se sacrifica por su padre, las hermanas se privan de regalos para ayudar en la casa, los padres están pendientes de las hijas, y sin embargo cuando analizo la novela también aparecen los pleitos caseros de una familia común. Las hermanas discuten y en una ocasión llegan a tal extremo que Amy quema el manuscrito de Jo; no quiero imaginar qué habría hecho yo en el lugar de Jo, pero leemos acerca de días difíciles, celos, envidias e incluso de giros inesperados que quebrantan la paz familiar.

Al final del día existen familias donde el amor siempre triunfa.

¿Por qué entonces muchos consideran esta historia tan cálida? Porque al final del día existen familias donde el amor siempre triunfa, como en la familia March. El amor y la aceptación entre ellos eran características predominantes a pesar de los problemas que había en la casa. Tristemente, la mayoría de las familias no son como la familia March; en muchas familias reina el odio, el miedo y el desinterés, con padres ausentes o golpeadores, madres indiferentes o manipuladoras, hermanos y hermanas que se odian aun pasado mucho tiempo.

La Biblia no esconde los aciertos y desaciertos de las familias que menciona en sus páginas; de hecho, me atrevería a decir que no encuentro una sola familia al estilo Mujercitas. Los hermanos de José lo vendieron a unos comerciantes, David tuvo tantos hijos que descuidó su educación, Ester era huérfana y ni siquiera la familia de Jesús fue perfecta, ya que la Biblia nos dice que sus hermanos —los hijos de José y María— no creían en él. Al parecer, hasta que Cristo no murió y resucitó su familia directa no había aceptado su deidad.

Sin embargo, observa que en los ejemplos que te he dado el pertenecer a una familia disfuncional no los descalificó de ser usados por Dios; del mismo modo, Lorrujama no estaba en desventaja por ser hija de Gómer. De hecho, le esperaba una sorpresa.

 Gómer

Un día las cosas se complicaron: de repente, Gómer se marchó. Sencillamente desapareció del mapa. Corrió tras sus amantes y abandonó a su familia. ¿Cómo crees que crecieron estos tres niños? Podemos imaginar a Lorrujama cuidando a su hermano menor y preparando la comida; como la niña del hogar seguramente tenía que cumplir con las obligaciones que le correspondían a su madre. ¿Pensaba en ella? ¿La echaba de menos? ¿La detestaba?

Gómer la pasaba peor. Corrió tras sus amantes, pero no los alcanzó. Muy tarde se dio cuenta de que estaba mejor con su esposo. Perdió todo poco a poco; se quedó sin alimento, luego se quedó desnuda y finalmente perdió hasta la libertad. En el capítulo 3 Dios le ordena a Oseas: *«Ve y busca a tu esposa de nuevo, y tráela de vuelta contigo y ámala, aunque ella ame a otro hombre. ¡Porque así es como el Señor ama a los israelitas, aunque ellos han preferido rendir homenaje a otros dioses y participan de las comidas especiales que les ofrecen!».* Así que Oseas va en busca de Gómer. ¿Qué opinaron sus hijos? ¿Qué hubieras hecho tú?

—*Papá, ten un poco de decencia y respeto. No la recibas nuevamente. Mamá nos ha ofendido y nos ha avergonzado frente a todo el pueblo.*

Lorrujama no era de piedra; ya sufría suficiente con el nombre que le habían dado. Además, seguramente las vecinas cuchicheaban a sus espaldas sobre las aventuras de su madre.

¿Y qué hizo Oseas? Lo que todo profeta debe hacer: obedeció. Pero no la encontró en un burdel sino en el mercado de esclavos; tan bajo había caído Gómer que sus amantes se deshicieron de ella y la vendieron como esclava. Oseas tal vez la miró allí, sobre una tarima, descuidada, desnuda y sola, esperando quien la comprara; ella alzó la vista cuando escuchó la voz de su esposo. Oseas pudo haber acudido a los tribunales para exigir que se le devolviera lo suyo o para divorciarse, pero Oseas la compró. Pagó quince piezas de plata, doscientos veinte kilos de cebada y una medida de vino por ella. Si Oseas era pobre —y lo más seguro es que haya sido así— había pagado una fortuna por Gómer.

Pero no podemos continuar sin antes identificarnos con Gómer. Probablemente estás diciendo «Yo no soy una prostituta» y tienes razón, pero al igual que Gómer nos apartamos de nuestro «esposo», Dios mismo, con quien debimos permanecer desde el principio. Dios creó al hombre

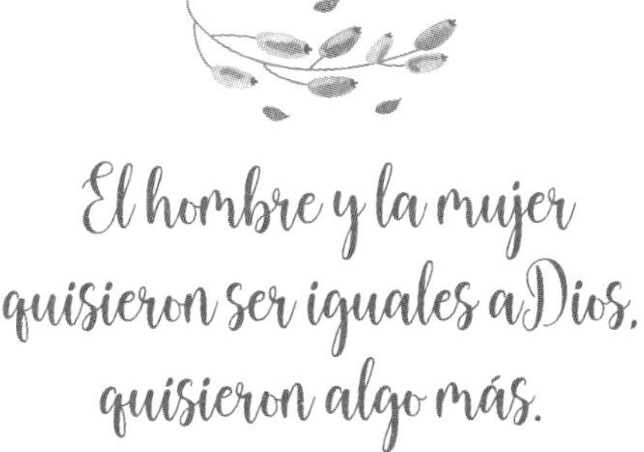

y a la mujer para que vivieran en comunión con él; sin embargo, eligieron codiciar el fruto prohibido. El hombre y la mujer quisieron ser iguales a Dios, quisieron algo más.

En nuestra búsqueda de amor corremos tras otras cosas al igual que Gómer. Dios nos ha ofrecido su abrigo y su protección, pero nosotras nos empecinamos en encontrar aceptación en otro lado. Vamos tras el dinero y pensamos que si tenemos más de lo necesario todo estará bien; corremos tras la fama y soñamos que el día en que nos hagamos estrellas de cine seremos felices; coqueteamos con el sexo opuesto y aseguramos que todo estará bien cuando nos casemos... pero un día despertamos y nos encontramos en el mercado de esclavos. La Biblia dice que el que practica el pecado se vuelve esclavo del pecado. El pecado es muerte espiritual.

La Biblia lo declara así: «*Antes de ser cristianos, ustedes estaban muertos para Dios a causa de sus delitos y pecados. Vivían siguiendo la corriente de este mundo, obedecían los dictados del príncipe del imperio del aire, quien ahora mismo está operando en el corazón de los que se rebelan contra el Señor. Nosotros mismos éramos así: obedecíamos los malos deseos de nuestra naturaleza y nos entregábamos a las perversidades de nuestras pasiones y malos pensamientos. Merecíamos ser castigados por la ira de Dios, como todos los demás»* (Efesios 2:1-3).

Entonces llegó Jesús y pagó nuestro rescate, pero no dio oro ni plata sino su sangre, su propia sangre, una sangre pura, limpia y perfecta que borra nuestra maldad.

¿Qué hizo Gómer para merecer el amor de su marido? Absolutamente nada. ¿Qué hicimos nosotras para merecer el amor de Jesús? Absolutamente nada. La pregunta ahora es esencial: ¿te ha comprado Jesús? Verás, él ya pagó el precio pero tú debes desear ser comprada. Gómer podría haberse quedado en el mercado de esclavos, podría haber dicho: «No, gracias. Aquí estoy mejor» pero ella aceptó cambiar de dueño, dejó a un lado al mercader de esclavos y pasó a formar parte de las posesiones de Oseas. ¿Y tú?

Quizás nunca has pensado en Dios o tal vez desde pequeña lo has amado; sea como fuere, necesitas un momento personal en que le digas: «Señor Jesucristo, acepto que me compres. Has pagado mi rescate con tu sangre. Soy tuya».

El desierto

Pero antes de que Oseas llevase a Gómer a casa con sus hijos la lleva al desierto. ¿Para qué? Para hablarle tiernamente y volver a conquistarla. ¿No suena increíble?

Gómer hizo lo peor que uno puede imaginarse pero Oseas la ama tanto que vuelve a cortejarla.

¿Y cómo llegó Gómer al desierto? Pensemos en el camino que la trajo a este lugar.

La vida se forma de pequeñas decisiones. Cada elección que tomas forma parte de una cadena: si tomas muchas buenas decisiones cuando lleguen los momentos de crisis elegirás bien, pero cuando hemos ido tomando malas decisiones en lo pequeño, fallamos en lo grande. Piensa en Gómer. Todo empezó con una pequeña mala decisión que fue seguida de otra y de otra: salió de su casa, tuvo malas compañías, se llenó de rencor, dejó a su familia, acudió a sus amantes y terminó en el mercado de esclavos.

La vida se forma de pequeñas decisiones.

Durante la adolescencia existen muchas malas decisiones que aun cuando parecen pequeñas pueden terminar, literalmente, con tu vida. Pensemos en algunas.

Se te hace fácil tener un novio para ver cómo se siente. Luego empiezan las caricias; él te pide más y no quieres quedar mal. Aumentan las caricias. Él te presiona. Van a un lugar apartado. Tienes relaciones sexuales con él. Quedas embarazada. ¡Y ni siquiera eres mayor de edad!

Fíjate lo que no sucedió: no tuviste novio y al momento quedaste embarazada. Pasaron días, semanas y meses de malas decisiones hasta que llegó el momento en que cometiste el último paso que cambiará tu vida para siempre.

Veamos otro ejemplo. Se te hace fácil juntarte con las «chicas malas» del colegio; primero te invitan a fumar, luego a tomar, más tarde te convidan droga y de repente te das cuenta de que no puedes dejar el vicio. O quieres adelgazar: empiezas dejando de comer, luego te provocas el vómito; entre más bajas de peso menos comes, y de pronto estás en el hospital enferma y sin poder controlar lo que entra por tu boca.

Gómer no se hizo mala de la noche a la mañana. Tu adolescencia se definirá por las pequeñas decisiones que irás tomando día a día, como decir *no* cuando te conviden droga, o esperar al chico adecuado para ponerte de novia o buscar a Dios todos los días; cada decisión marcará qué tipo de adolescencia tendrás, pero aun cuando te equivoques —una vez, muchas veces—, aun cuando el trazo de tu vida hasta hoy sea «no tan peor» o «terrible» deberás ir al desierto tarde o temprano.

El desierto en la Biblia nos habla de una temporada de prueba y tal vez de carencia que nos lleva a la madurez. A veces Dios nos lleva al desierto para que reaccionemos.

Cuando cursaba la secundaria quise experimentar qué se sentía tener novio. Realmente no estaba enamorada de nadie y no pensaba casarme, simplemente quería experimentar. Yo pertenecía a Jesús, le había entregado mi vida a los ocho años y él me había comprado de la esclavitud del pecado con su sangre. Yo sabía que tener una pareja que no amara a Dios incluso era peor porque eso me llevaría a más errores, pero aun sabiendo la teoría elegí mal. Le dije «sí» a un muchacho.

Esa tarde solo conversamos y la voz se corrió en mi salón de clases; al otro día nos tomamos de la mano y almorzamos juntos, y tres días después ya no sabía cómo escapar de la situación, pero el amor de Dios es tan poderoso que me rescató y de inmediato me llevó al desierto. ¿Sabes cómo sucedió? Me enfermé de rubeola: no pude salir de casa durante dos semanas por el contagio y me quedé en cama. Para colmo, mi «novio» me llamó por teléfono. ¡Qué tragedia! Mi madre casi me descubre, mi abuelita intuyó que algo andaba mal y yo comprendí que estaba actuando neciamente. Cuando volví al colegio terminé con mi noviazgo; aún no estaba lista, no era el tiempo correcto ni era el chico correcto.

Doy gracias a Dios porque él me habló al corazón, pero he seguido cometiendo errores y una y otra vez debo ir al desierto de la enfermedad, de la culpa o de la soledad para poder escuchar la tierna voz del Padre diciéndome: *«Vas mal; la ruta es por acá»*. En ocasiones he sido terca y no he dado marcha atrás, y como Gómer he tenido que sufrir las consecuencias de mis equivocaciones y mis malas decisiones. Pero Dios es fiel.

Así como Oseas amó a su esposa de modo que ella volvió a él con todo su corazón, del mismo modo Dios nos llama. Gómer solía llamar a Oseas «mi señor» pero a partir de que la lleva al desierto ella le dice «esposo mío». ¿Dónde estuvo el cambio de Gómer? En un gran *«pero»*.

Un gran «pero»

Hemos leído que todos estábamos muertos a causa de nuestra desobediencia y muchos pecados y que éramos objeto del enojo de Dios; estábamos —al igual que Gómer— en el mercado de esclavos. En la epístola a los efesios sigue el apóstol su tema y escribe: «Pero...». ¡Qué gran «pero»! Leamos con atención:

> *«Pero Dios es tan rico en misericordia y nos amó tanto que, aunque estábamos muertos a causa de nuestros pecados, nos dio vida con Cristo, pues solo por su gracia somos salvos. Además, nos levantó con Cristo de la tumba y nos hizo sentar con él en los cielos. Esto lo hizo para demostrar a las generaciones venideras la incomparable riqueza de su amor, que en su bondad derramó sobre nosotros por medio de Cristo Jesús.*

> *Por su misericordia y por medio de la fe, ustedes son salvos. No es por nada que ustedes hayan hecho. La salvación es un regalo de Dios y no se obtiene haciendo el bien. Esto es así para que nadie se sienta orgulloso» (Efesios 2:4-9).*

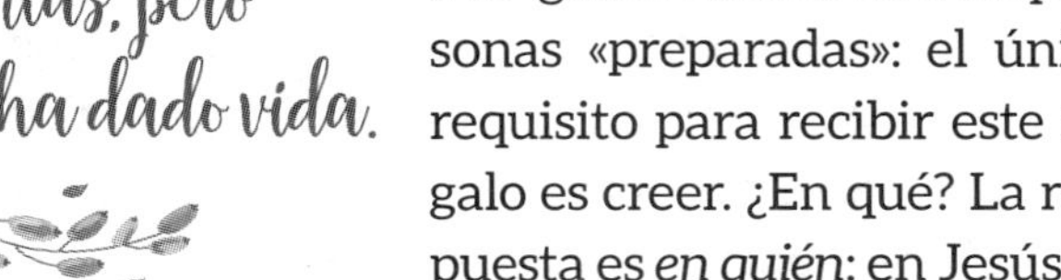

La noticia es esta: todas estábamos muertas, pero Dios nos ha dado vida.

La noticia es esta: todas estábamos muertas, pero Dios nos ha dado vida. ¿A quiénes? No a la «gente buena» ni a las personas «preparadas»: el único requisito para recibir este regalo es creer. ¿En qué? La respuesta es *en quién*: en Jesús.

La muerte espiritual que surgió desde el Edén por causa del pecado del primer hombre, Adán, encuentra su solución en Cristo. Todas estamos muertas por el pecado, pero si tenemos fe Dios nos da vida, esa vida que se manifestó cuando Cristo resucitó.

En tu mente, seguramente, han surgido preguntas; quizás has escuchado las muchas razones por las que el cristianismo no es digno de confianza, pero presta atención: la respuesta no está en practicar una religión. A Gómer no le funcionó. La respuesta no está en pasarla bien y seguir tus instintos. A Gómer no le funcionó. La respuesta para Gómer fue una persona: su esposo Oseas. La respuesta para nosotras es una persona: Jesús.

🌸 Nuevo nombre

Después de su parada en el desierto, Gómer y Oseas regresaron a casa y entonces la vida de Lorrujama cambió drásticamente. La Biblia nos dice que dejó de ser «no amada» para ser «amada»: en otras palabras, *esta chica recibió un nuevo nombre.*

Dudo que sus problemas hayan desaparecido de la noche a la mañana. Seguramente aún discutía con su madre y peleaba con sus hermanos, pero como en la familia March el amor triunfó por encima de la adversidad, el amor fue más fuerte que las muchas desavenencias.

Empezamos este capítulo hablando del amor no correspondido. ¿No es acaso un sentimiento terrible? Sin embargo, quizás el ejemplo más grande de amor no correspondido es el de Dios mismo. Solo piénsalo: él te creó, te formó y te hizo, él dio a su Hijo en la cruz para que tú te salvaras. ¿Correspondes su amor o lo ignoras? Todos los días te da alimento y ropa, te convida del sol que ha creado y riega las plantas con la lluvia para que tú puedas oler una flor. ¿Lo amas?

Piensa en lo terrible que es no corresponder el amor de Dios. En cierto modo, no tenemos excusas para sentirnos «no amadas»; buscamos el amor en personas que fallan igual que lo hacemos nosotras, pero alguien perfecto nos ha ofrecido su amor. ¿Y qué hacemos? A veces lo despreciamos, lo rechazamos o lo ignoramos.

¿Cuál fue el secreto de Gómer? ¿Recuerdas lo que significa su nombre? «Perfecta» o «completa». Gómer era todo menos eso; sin embargo, el amor de Oseas la completó, la hizo perfecta. El mismo Dios busca llenarnos, completarnos y hacernos perfectas a sus ojos. ¿Lo amaremos por eso y más?

Quizás no tengas a la familia perfecta, o tal vez te sientas fea y poco digna de recibir amor. Dios está ofreciéndote la oportunidad de ser amada y solo debes aceptar su regalo. ¿Lo harás?

Amor correspondido

Gómer recibió heridas pero Oseas las vendó, y la restauró a su posición de esposa y madre. Quizás en todo ese proceso Gómer comenzó a apreciar a Oseas y al ir conociéndolo se enamoró de este profeta obediente y misericordioso. Tal vez un día Gómer se sentó bajo la sombra de una palmera y se dijo: «¿Por qué no me esforcé por conocer a Oseas antes de tantas tonterías?».

El amor va de la mano con el conocimiento. Piensa en esto: Gómer tal vez pensó que Oseas solo quería que tuviera lista la comida, mientras que Oseas solo quería que ella le demostrara amor. Del mismo modo, a veces pensamos que Dios nos pide nuestro dinero, que sacrifiquemos nuestra diversión o que hagamos peregrinaciones cuando en realidad Dios lo único que nos pide es que lo conozcamos.

Cuanto más lo conozcas más lo amarás; entre más tiempo pases con él más corresponderás su amor. Alguien te ama. No importa lo que hagas o hayas hecho: alguien te ama. No importa si lo crees o no: alguien te ama. No importa si hay días en que todo parece gris: alguien te ama. No importa si crees que eres fea o muy fea: alguien te ama. No importa si el resto del mundo cree que no vales la pena: alguien te ama. El amor de Dios no está condicionado a lo que eres o haces; así como el amor de Oseas por Gómer iba más allá de la conducta de Gómer, Dios nos ama a pesar de que somos pecadoras. Gómer escuchó a Oseas en el desierto; ella estuvo dispuesta a volver a casa. Vuelve a casa hoy, a Jesús, a sus brazos, pues alguien te ama. Y siempre te amará.

Dorita
van Stone

"Nadie me quiere". Esto sentía Dorita Van Stone y escribió un libro con un título parecido. A los 5 años Dorita cuidaba de su hermana Maruca, de 4; su madre salía todo el día a trabajar y aun por la noche las dejaba encerradas con la luz apagada y las instrucciones de no abrir a nadie ni hacer ruido. A Dorita esto le provocaba un terrible miedo. ¿Cómo podía una niña tan pequeña sentirse segura en el departamento?

Ella, una niña, debía velar por otra pequeña. Sin embargo, algo más lastimaba el corazón de Dorita: su madre prefería a Maruca por sobre ella; de hecho, a Dorita la repudiaba y la hacía a un lado. Dorita no se enteraría sino más tarde de la razón de ese desprecio.

Resulta que la madre de Dorita se embarazó de ella a los 15 años. Por «su culpa» tuvo que casarse y comenzar una vida que probablemente no deseaba. La segunda niña tal vez la encontró más resignada y por eso la prefería. Pero, ¿cómo le explicas todo esto a una niña de 5 años? Su madre solía decirle: «¿Por qué no eres bonita como tu hermana?». Dorita solo sabía que a ella nadie la quería, y llegó a una conclusión: «Soy fea, y es mi culpa».

¿Recuerdas qué hacías a los 5 años? Yo jugaba con mis juguetes y con mis hermanas, asistía al *kinder* y aprendía a leer y a escribir; Dorita, sin embargo, debía preparar los emparedados de jalea y crema de cacahuate para alimentar a su hermana y a ella misma. Además, cada noche se preguntaba si su madre regresaría o las dejaría a su suerte.

🌼 El orfanato

Llegó el momento en que su madre no pudo cuidarlas más y las llevó a un orfanato. Dorita tardó en comprender qué sucedía en ese hogar pero pronto se enteró de que otras niñas vivían allí y que sus padres tampoco las querían o no podían mantenerlas. Las cosas no mejoraron en el orfanato; la encargada la forzaba a comer lo que le servían, y cuando las niñas desobedecían recibían palizas.

De hecho, Dorita cuenta que lloró cada noche que estuvo en ese orfanato. ¿Te imaginas? No había una sola noche en la que Dorita se fuera a la cama sin antes llorar, aun cuando esto le acarreaba más golpes si era descubierta, así que decidió ser dura para poder sobrevivir. Se comportó con rudeza con otras niñas para no ser avergonzada y trató de no hacer amistades profundas, pues cuando comenzó a llevarse bien con una de las niñas, al día siguiente esta fue adoptada y tuvieron que separarse.

Su hermana estaba con las niñas más pequeñas por lo que Dorita no la veía, pero no olvidó las muchas ocasiones en que las niñas se formaban en fila para ser inspeccionadas por padres prospectos, solo para ser pasada por alto y reafirmar sus sospechas: era demasiado fea para ser amada.

Siete años permaneció en el orfanato donde recibió más golpes que cariño o palabras amables, pero sin embargo también recibió un poco de educación, y entre las cosas que descubrió estaban su capacidad de dibujar y los libros: leyó vorazmente los ejemplares que encontró y se empapó de historias que no solo la llevaron a mundos de fantasía y de consuelo sino que la prepararon para el futuro. Por otro lado, su facilidad en el arte le trajo consuelo, y por primera vez recibió de una profesora un halago por lo que podía hacer y no por su apariencia física.

La visita

Cierto día recibieron la visita de unas chicas universitarias que venían para compartir sobre el amor de Dios con las niñas del orfanato. Les enseñaron sobre Jesús y su muerte en la cruz, y mientras Dorita escuchaba las noticias del amor de Dios pensaba dentro de sí que eso no podía ser cierto ya que a ella nadie la amaba; tenía suficientes pruebas al respecto.

Sin embargo, antes de marcharse una de las muchachas giró el rostro y repitió: «Niñas, aun si se olvidan de todo lo que les hemos dicho hoy, acuérdense de una cosa: Dios las ama».

La mayoría de las niñas salió del salón, pero Dorita decidió permanecer allí un rato y habló con Dios en el silencio del lugar: «Dios, dijeron que tú me amabas. Nadie más me ama. Si me quieres, me entrego a ti».

«Aun si se olvidan de todo lo que les hemos dicho hoy, acuérdense de una cosa: Dios las ama».

Entonces una paz inesperada la inundó. Debía ser Dios, no había otra explicación. Semanas más tarde una nueva supervisora del orfanato la invitó a ir con ella a la iglesia; allí comenzó a escuchar más sobre Dios y la supervisora le regaló un Nuevo Testamento. No solo se trataba del primer regalo que Dorita recibía en su vida sino que además lo conservó como el más grande tesoro de su existencia. No solo lo guardó entre sus pertenencias sino que comenzó a leerlo y a hacerlo parte de su vida.

La abuelita

Dorita y Maruca debieron abandonar el orfanato al cumplir Dorita 13 años. El miedo las embargó. ¿Adónde ir? Las acogió una mujer quien les dijo que la llamaran «abuelita», pero no resultó una dulce mujer de cabello blanco sino otra más que trató a Dorita como sirvienta y la golpeó.

La única razón por la que las cuidaba se debía al dinero que recibía de parte de Laura, la madre de Dorita, así que cuando ella dejó de darle dinero la abuelita las echó fuera, apenas cuatro meses después de su llegada. Sin embargo, en esta época Dorita y Maruca entraron a la secundaria y continuaron sus estudios, y aunque Dorita no hacía muchas amistades, la rutina escolar le ofrecía cierto alivio así como el memorizar porciones del Nuevo Testamento.

Después de la abuelita las chicas estuvieron un poco de tiempo en otra casa de acogida antes de ser trasladadas con la familia Makin. Dorita no sabía que a los 13 años viviría una de las épocas más humillantes de su vida.

🌸 Profundo dolor

El hogar de los Makin en San Francisco representó lo más profundo del pozo en la vida de Dorita. Cuatro meses después de estar en el segundo hogar de acogida, el señor y la señora Makin invitaron a las hermanas a ser parte de su familia; tenían dos hijos, un varón y una chica de la edad de Maruca y Dorita, pero solo Maruca fue invitada a ocupar una habitación con Susana.

Los Makin conocían a la madre de Dorita y decidieron tratarla con la misma crueldad que su madre. Maruca y la familia comían a la mesa mientras que Dorita debía ocupar una mesa en la cocina y solo comer las sobras. A la señora Makin le gustaba hacer pescado y a Dorita solo le tocaban las cabezas y las colas hervidas en leche, y a partir de entonces ella no toleró el olor del pescado.

Tampoco le permitían bañarse, salvo una vez al mes. Dorita y Maruca continuaron sus estudios en la preparatoria, donde se ganó el apodo de «la apestosa». ¿Te imaginas su reputación en el contexto más complicado para una adolescente?

Mientras Maruca jugaba con Susana, la hija de los Makin, Dorita cortaba leña, lavaba la ropa y fregaba los platos; sin embargo, peor que la comida y el trabajo eran los golpes que recibía sin razón alguna. Los Makin reaccionaban de formas violentas entre ellos y se desquitaban con Dorita, quien debía inventar excusas en la escuela para explicar sus ojos morados o sus moretones en brazos y piernas.

Quizás tu cursas hoy la escuela secundaria o la preparatoria. ¿Preparas tu comida en casa o tienes dinero para comprar un almuerzo? Dorita no lo tenía, así que simplemente no comía, inventaba excusas para pasear en lugar de sentarse en el comedor y debido a la suciedad —a la que la sometían los Makin ya que le prohibían bañarse— prefería mantenerse apartada de los demás chicos. Su ropa era de segunda mano, a veces demasiado grande o chica, pero en medio de tanto desconsuelo la Biblia alumbraba sus días.

En las promesas de Dios encontraba amor incondicional así como pequeños faros de luz por medio de programas radiales cristianos y visitas a la iglesia. Finalmente, una profesora adivinó que Dorita sufría abuso e hizo lo correcto y llamó al tribunal de menores, pero esto solo provocó una reacción de ira de parte de los Makin.

Cuando les llegó el aviso de la corte, los Makin estallaron en cólera y el esposo golpeó la espalda de Dorita con la hebilla de un cinturón. Dorita estaba segura de que la mataría, así que buscó una salida y corrió contra una puerta de vidrio que atravesó para huir. No puso mucha atención al intenso dolor que su cuerpo experimentó y avanzó con rapidez hasta el puente Golden Gate, y una vez allí lloró y oró, pero luego volvió con los Makin; tristemente, no tenía adónde más ir. Tal como lo adivinó, le pegaron nuevamente.

 ## El juicio

Llegó el día en que Dorita asistió a la corte, al igual que su madre. Esa conversación se grabaría en la mente de

Dorita durante años y provocaría quizás la herida más profunda de su vida.

El juez se dirigió a Laura: —¿Es esta su hija?

—Supongo que sí, señor juez, pero de haber podido me hubiera librado de ella antes de nacer.

Luego, antes de despedirse de Dorita, le dijo: —Si vuelvo a verte, te mataré.

La tristeza de Dorita se profundizó. Los Makin se quedaron con Maruca y Dorita se mudó al hogar de una pareja que asistía a la iglesia bautista. ¿Encontró allí un poco de amor y compasión? Tristemente no. Si bien no le pegaban y podía comer con ellos, no intentaron conocerla ni ayudarla a conocer más del amor de Dios. La frialdad en esa casa no se correspondía con el amor que la Biblia enseñaba.

Tiempo después se topó en la calle con su madre, quien había vuelto a casarse y tenía ahora una bebé. Con agonía, Dorita miró cómo su madre besaba a su hermanita y le daba lo que a ella siempre le negó. Su hermana Maruca también se había casado y ya esperaba un bebé. Dorita entonces decidió visitar el orfanato donde había estado, y uno de los médicos le ofreció vivir con él y su familia.

Cambios

Dorita no entró a ese hogar como una hija, aunque así lo había imaginado. Trabajaba para la familia y ganaba un sueldo; cuidaba de los hijos del doctor y al menos encontró respeto e interés. Dorita compartía de Dios con la familia pero el doctor y su esposa no estaban interesados en la Biblia; sin embargo, la esposa del doctor charlaba con Dorita y le enseñó a ser una dama.

Dorita tenía 16 años y recibía un pago. Pudo comprarse algo de ropa y comenzar a valerse por sí misma. A los 18 años Dorita se graduó de la preparatoria y no estuvo sola: la familia del doctor la acompañó en ese día tan importante. Al cumplir 19 años Dorita supo que debía dar un paso más.

Buscó a su padre —quien la aceptó— y se mudó al pueblo donde él vivía. Allí Dorita trabajó utilizando su arte y bosquejando planos para arquitectos. Cuando notó que su padre no deseaba que ella siguiera a Dios decidió continuar el plan que Dios comenzaba a trazar para ella.

Entrega total

Durante todo este tiempo de altos y bajos, abusos y desamor, Dorita no dejó de confiar en Dios: leía el Nuevo Testamento, oraba y se reunía con otros cristianos. Llegó el momento cuando escuchó del trabajo que muchos creyentes hacen en otros países; la Segunda Guerra Mundial había terminado y los soldados y prisioneros de guerra que habían sobrevivido comenzaban a regresar a casa. Una de estas personas, Darlene Rose, apenas había descendido del barco que la había traído cuando participó en una reunión misionera a la que Dorita asistió.

Por el crimen de predicar el evangelio en Nueva Guinea, Darlene había pasado ocho años bajo arresto, cuatro de ellos en una prisión japonesa. Si nunca has oído hablar de Darlene puedes leer sobre sus experiencias en el libro titulado *Evidencia no vista* (solo disponible en inglés).

Mientras Dorita escuchaba las experiencias de Darlene pensaba en lo mucho que se parecían: Darlene había sufrido al ser separada de su esposo —quien falleció en prisión y pasó por muchas enfermedades y maltratos— pero sin embargo su fe la mantuvo firme. Darlene concluyó su mensaje diciendo: «Jóvenes, lo perdí todo por servir al Señor». Luego hizo una pausa y continuó: «Por Jesús volvería a hacerlo».

Dorita se quedó pegada al asiento.

«Señor, no me pedirás eso. No vas a estropear mi vida. No vas a pedirme que sea uno de ellos; yo tengo mis planes, tengo mis sueños».

Dorita tenía 21 años.

El amor

Este es un libro para chicas jóvenes como tú. A partir de aquí la historia de Dorita se torna más interesante pero ya ha pasado la época que tú vives ahora, así que, antes de contarte el final de la historia —por así decirlo— repasemos algunas de las cosas que hemos aprendido de Dorita. Nadie la amaba. Dorita creció en un ambiente de frialdad y rechazo que pudo haberla transformado en una delincuente, adicta o suicida. Si lees sus escritos, comprenderás que en muchas ocasiones quiso morir, pero una vez que conoció a Dios ese pensamiento no volvió a cruzar por su mente.

Conocer a Dios se convirtió en el ancla de su vida. Confiar en él y reconocer que Dios la amaba como era le dio fuerzas para seguir adelante a pesar de las adversidades. Al igual que a Dorita, Dios te ama a ti. ¿Rige esto tus decisiones? El desamor, como ya hemos leído, es lo peor que podemos experimentar, y aun así no podremos decir jamás que nadie nos ama. Decirlo es mentir. ¿Por qué? Porque la Biblia una y otra vez nos recuerda que él nos ama.

> Conocer a Dios se convirtió en el ancla de su vida.

¿Y cuándo conoció Dorita de Dios? ¿A qué edad decidió que Dios sería su Padre? ¿Cuándo nació en ella la esperanza? A los 13 años. ¿Cuántos años tienes ahora? ¿Crees que Dios te ama? ¿Es él tu Dios?

La historia sigue

Después de esa conferencia en la que Dorita escuchó a Darlene hablar, decidió seguir a Jesús aun si eso implicaba ser una misionera y sufrir. Se hizo amiga de Darlene y, al estar ambas conversando, Dorita le contó su historia. Cuando los padres de Darlene escucharon sobre su vida, le dijeron: «Dorita, de ahora en adelante no seremos para ti el señor y la señora MacIntosh, ahora seremos para ti *papá y mamá Mac*. Si necesitas un papá o una mamá, aquí estaremos».

No solo le ofrecieron un hogar sino que Darlene se convirtió en una amiga y una mentora. A la edad de 21 años, Dorita por fin encontró una familia.

Dorita decidió asistir a un colegio bíblico donde prepararse para servir a Dios. Allí Dios le dio una nueva sorpresa: un esposo. ¿Sabes cómo se decían de cariño? «Apestosita» y «apestosito». Si bien en la preparatoria este nombre había sido un apodo de dolor, ahora se había convertido en un nombre de cariño.

La historia de amor entre Lloyd y Dorita es como las que Dios prepara: llena de sorpresas y detalles que solo las personas involucradas pueden comprender. Una mañana de Navidad Dorita recibió un anillo de compromiso y fijaron la boda para el 15 de junio.

Una amiga le regaló su vestido de novia. La familia de Lloyd recibió a Dorita con cariño y la acogieron con respeto. Ella oró: «Señor, que nuestro matrimonio sea bendecido por ti; haz de nuestro hogar un modelo de lo que tu amor realmente significa. Si nos das niños, que sean una bendición y un honor para tu nombre».

Luego se pellizcó. ¿Acaso estaba soñando? Si un día quiso ser bonita, fue ese. Los ojos de su esposo ciertamente le transmitieron que lucía bella. De ese modo, Dorita formó un hogar.

🌼 Más desafíos

Dos hijos nacieron de este matrimonio, un niño y una niña. Luego vino la invitación de Dios para salir a Nueva Guinea, al valle Baliem: su misión consistía esencialmente en trabajar con la etnia de los dani.

No resultó un trabajo sencillo ya que los dani eran una tribu ancestral, famosos por ser cazadores de cabezas. Cuando le preguntaron a Dorita cómo podia amar a los dani, ella respondió: «Ya que he experimentado la gracia de Dios, puedo dar de su gracia».

A través de tratamientos médicos, la amistad con los dani creció y así su familia logró entrar a una de las tribus más aisladas del mundo. Sin embargo, siete años después, debieron volver; la salud de Dorita y el bienestar de sus hijos hicieron que regresaran a los Estados Unidos donde siguieron trabajando en diversas cosas, entre las cuales un libro donde Dorita escribió acerca de su vida.

🌼 Detalles ocultos

Sin embargo, hasta que su esposo murió Dorita no estuvo lista para admitir algo que no incluyó en su primer libro donde habló del maltrato que recibió en diversos hogares y donde narró parte de su vida. Solo Dios y su esposo conocían los tristes episodios que Dorita tuvo que enfrentar en la casa de la abuelita y de los Makin: en ambos lugares Dorita había padecido abuso sexual.

Este es un tema muy doloroso y quizás tú no has oído hablar de esto, o si lo has hecho, te cuesta trabajo entender cómo hay gente que pueda lastimar a otros de esa manera. Pero quizás tú sí comprendes demasiado bien este tema; tal vez tú —como sucedió con Dorita— sientes tanta vergüenza por cosas que te han pasado que prefieres no hablar, y este tipo de situaciones te hacen pensar aun más en que no eres amada ni digna de ser amada.

Esperanza

La razón por la que Dorita decidió hablar de ello surgió cuando comenzó a escuchar a otras mujeres y se dio cuenta de que muchas se sentían sucias, indignas o menospreciadas porque familiares o desconocidos se aprovecharon de su niñez y su adolescencia.

> —Dorita —le decían—, tú sobreviviste el abuso porque tenías una fe fuerte.
> —No —respondió ella—, sobreviví porque no había nadie más a quién acudir salvo al Señor. Y sí, muchas veces lo cuestioné, pero jamás lo aborrecí.

En otras palabras, la vida de Dorita nos muestra que a veces, debido a la maldad del hombre y al hecho de que todos nos hemos alejado de Dios, cosas feas nos suceden: niños sufren el abuso de personas mayores, los padres abandonan a sus hijos, pero sin embargo, en medio de tanta oscuridad está Dios que quiere ofrecernos su amor, uno que nosotros también solemos rechazar, pero que está disponible.

Dorita suele decir, con una sonrisa, que está cubierta de cicatrices pero que son solo la prueba de que sus heridas han sido sanadas; en otras palabras, que el amor de Dios ha sido fiel y constante. Además, en su bondad, Dios le dio muchos regalos, como un esposo e hijos.

Dorita nos pide que no creamos a los psiquiatras que declaran que las experiencias de abuso arruinan nuestra vida y que una jamás volverá a ser normal. Cuando Cristo prometió que nuestro gozo sería completo se refería a todos los creyentes, sin importar su historia o sus circunstancias; en verdad, él es poderoso para sanar a los quebrantados de corazón. La Biblia dice: «*El Señor está cerca de los que tienen el corazón quebrantado; libra a los de espíritu abatido*» (Salmos 34:18).

Destrozada

¿Te identificas con Dorita? ¿Te han roto el corazón? ¿Alguien te ha aplastado como si fueras un insecto? No tengas miedo, Dios está cerca de ti como lo estuvo de Dorita. Él no ha sido el culpable de lo que te ha sucedido. Si sientes que nadie te ama, has sido víctima del pecado que anida en todo ser humano, incluida tú misma.

Tú y yo también somos capaces de comportarnos con la maldad que hemos visto en las personas que rodearon a Dorita, podemos ser indiferentes y crueles, celosas y avaras, inmorales y deshonestas. Dios no es así; él es amor, él es bueno, él es justo y está cerca de quienes han sido lastimados. Él quiere rescatarte de una vida sin sentido y sin amor. La pregunta es: ¿qué harás?

🌸 Dos hermanas

En realidad, la historia de Dorita es la historia de dos hermanas; ambas fueron abandonadas por su madre y su padre y vivieron en orfanatos y lugares de acogida. Ciertamente Dorita la pasó peor que Maruca, pero ambas sufrieron lo que nadie desea que pasen dos niñas pequeñas.

La historia de Dorita termina con un final feliz: un esposo, dos hijos, dos libros, muchas conversaciones para ayudar a otros, una embajadora del amor de Dios. ¿Y Maruca? Sabemos poco de ella. De hecho, su nombre ha sido cambiado para proteger su privacidad. Quizás ahora conoce de Dios; tal vez ya ha aceptado el amor de Dios y se siente amada también.

¿Y tú? ¿Te sientes amada? Eres amada. Muy amada. Por Dios. ¿Lo crees? ¿Lo sabes? ¿Lo sientes?

Capítulo 2
Alguien te entiende

Revisé mis diarios de adolescencia. Tuve que hacerlo para escribir este libro, debía recordar qué se siente al transitar por estos años de incertidumbre y cambios. Luego leí los dos diarios que marcaron mis estudios secundarios: *El diario de Ana Frank* y *Pregúntale a Alicia*. ¿Sabes qué encontré? Temas parecidos, preguntas idénticas y sentimientos mellizos.

Una adolescente judía de los años cuarenta puede identificarse con una chica estadounidense de los setenta y una mexicana de los noventa. ¿Por qué? Porque pertenecemos al género humano. Además, somos mujeres, sabemos desnudar el alma —sobre todo en un diario— y por eso podemos asomarnos a otras vidas y concluir que no somos las únicas que luchamos con los mismos miedos y frustraciones.

También comprendo que existen una infinidad de variables que hacen que mi historia sea diferente a la de Ana Frank o a la de Alicia, y del mismo modo tu historia es única. Simplemente pensemos en las familias: Ana Frank tenía una hermana mayor. Alicia, dos hermanos menores. Yo, dos hermanas menores. No todos contamos con una familia funcional, que es como hoy se identifica a una familia donde ambos padres están aún juntos. En algunos hogares, por ejemplo, debemos añadir al abuelito o a la tía, incluso a medios hermanos que componen el núcleo familiar. Aun así, me parece que existe un lema que se repite en los diarios de Ana Frank y de Alicia: «Nadie me comprende».

Mi diario no es la excepción. Repito la frase cada tres o cuatro páginas. ¿Sabes por qué? Porque es precisamente en la adolescencia donde comenzamos a entender que el mundo es más grande que lo que ven nuestros ojos infantiles; ya no somos unas bebés que se conforman con tener leche y dormir la siesta, no somos las niñitas que solo piensan en jugar con muñecas y aprender a leer, no somos las preadolescentes que sueñan con princesas y practican un deporte. De repente, reconocemos que somos un ser humano, una persona, con sus decisiones propias, con sus sueños y gustos y con sus ideas, y que al tratar de formularlas nuestros padres arquean las cejas, las amigas prefieren que todas seamos iguales y los novios —bueno, el sexo opuesto— nos resultan un enigma. Por eso concluimos en que nadie nos comprende.

La adolescencia se caracteriza por marcas y heridas, salimos de ella como soldados que han pasado por una encarnizada batalla y tal vez llevaremos con nosotros las cicatrices para siempre. Es el precio de crecer. No será fácil ir contra la corriente, no será sencillo lidiar con la sociedad ni con la familia, pero su eco, aunque hoy no lo creas, se repetirá en los años futuros donde aún pensaremos (quizás no con tanta intensidad o tal vez con un dejo de añoranza) que nadie nos entiende. Por lo tanto, los diarios irán acumulándose y continuaremos expresando nuestras desilusiones. ¿Por qué?

 El vacío

Tanto Ana Frank como Alicia necesitaban un diario. En un momento dado yo también dependí de esa libreta donde iba registrando mis vivencias. Por una parte, desde entonces soñaba con ser escritora y supuse que escribir un diario podría ayudarme a perfeccionar mi redacción, pero pasé mi adolescencia escondiendo el diario de los ojos curiosos de mis hermanas, olvidándolo por completo en ciertas temporadas y extrayéndolo en las épocas complicadas para verter mis penas.

¿Para qué un diario? ¿Has llevado uno? «Espero poder confiártelo todo como aún no he podido hacerlo con nadie, y espero que seas para mí un gran apoyo» (Ana Frank). Ana tenía secretos que contar, deseaba plasmar en algún lado sus problemas y sus pensamientos más profundos. Buscaba intimidad, anhelaba confianza. ¿Y a quién se dirigía? ¡A sí misma! Los diarios son un modo de comunicarnos con nuestro yo.

¿Y por qué necesitamos hacerlo? Porque a veces, como Alicia, tenemos *«algo digno de ser contado, algo grande y maravilloso; algo tan íntimo que no podría compartirlo con ningún otro ser humano, solo conmigo»*, pero al ir haciéndolo, al ir tejiendo ese diario, comenzamos a observar que escribimos para cubrir un vacío. No es suficiente contarnos las cosas a nosotras mismas: queremos que alguien nos escuche, queremos que alguien nos comprenda.

No es suficiente contarnos las cosas a nosotras mismas: queremos que alguien nos escuche.

¿Y de dónde surge ese hueco? ¿Ya lo teníamos desde niñas? Todos nacemos con ese vacío que se agranda con la edad. Quisiera contarte una historia de la Biblia para comprenderlo mejor.

Momento de crisis

Todo comenzó una noche en Jerusalén. Rode, una chica que trabajaba en la casa de María, hermana de Bernabé, se encontraba allí. Sabemos dos cosas de ella: primero, que era una criada, no en los términos modernos de servidumbre sino que más bien era una esclava. Rode carecía de libertad de decisión, servía a su ama y limpiaba la casa. Pero encontramos otro detalle revelador: en casa de María se había reunido un grupo de cristianos, y al estar Rode allí podemos imaginar que creía también en Jesús.

Pero, ¿por qué oraban a altas horas de la noche? La Biblia nos dice que muchos se habían reunido para orar porque estaban viviendo momentos de crisis. Seguramente corrían muchas lágrimas esa noche.

La Biblia nos cuenta que, por ese tiempo, el rey Herodes Agripa comenzó a perseguir a algunos creyentes de la iglesia y su primera víctima fue el apóstol Santiago, el hermano de Juan. Santiago o Jacobo, como también se le conoce, formó parte de los doce discípulos de Jesús e incluso estuvo en algunos de los momentos más privados de su ministerio: por ejemplo, presenció la transfiguración de Jesús en el monte, algo que solo él, su hermano Juan y Pedro vieron.

Apenas Jesús ascendió y comenzó a crecer la iglesia, el malvado rey Herodes mandó a matar a Jacobo a espada. ¿Te imaginas la tragedia? Uno de los líderes de la iglesia había muerto; probablemente había mucho miedo e incertidumbre. ¿Quién sería el siguiente? Bastante habían sufrido a manos de los fariseos y del mismo Saulo de Tarso —que ahora también era un cristiano—, pero las cosas no se calmaban en Jerusalén: de hecho, como a la gente le agradó que mataran a un líder de la iglesia, Herodes arrestó a Pedro durante la celebración de la Pascua, lo metió en la cárcel y lo puso bajo la vigilancia de cuatro escuadrones de cuatro soldados cada uno, como si se tratara de un criminal peligroso.

Herodes tenía pensado llevar a Pedro a juicio al terminar la Pascua, pero no sabía que la iglesia oraba fervientemente por él, y como entonces aún no se reunían en edificios destinados solamente a cultos religiosos sino en hogares, un grupo de creyentes se había reunido en casa de María (madre de Juan Marcos) para orar.

Así que la noche antes de ser sometido a juicio, Pedro dormía sujeto con dos cadenas entre dos soldados. De repente, un ángel del Señor apareció frente a él y lo despertó, le ordenó levantarse y las cadenas cayeron de sus muñecas. Después le ordenó vestirse y ponerse sus sandalias y su abrigo. «Sígueme», le indicó.

Pedro salió de la celda y siguió al ángel. Pasaron el primer puesto de guardia y el segundo hasta llegar a la puerta de hierro que daba a la ciudad, la que se abrió sola; una vez en la calle, el ángel desapareció y Pedro se dio cuenta de que estaba libre. Debía decidir adónde ir, y eligió la casa de María. ¿Por qué? Quizás allí acostumbraban reunirse, o tal vez buscaba a alguien en particular; solo sabemos que al llegar tocó la puerta de entrada.

En ese entonces, las puertas se colocaban en el muro exterior de las casas, no tenían ventanitas ni agujeros para ver quién llamaba, por lo que era la responsabilidad del portero o de la servidumbre reconocer la voz de los amigos y permitir el acceso.

Rode

De ese modo, mientras la iglesia oraba, la criada Rode oyó la puerta y se acercó para abrir. Me gusta cómo lo describe la Biblia: *«salió a escuchar una muchacha»* (RVR1960). «Salir» implica que debía quizá cruzar un patiecito, y «escuchar» nos recuerda que Rode no debía abrir la puerta a desconocidos ni extraños, sobre todo porque atravesaban una época de mucho peligro. La palabra «muchacha» nos indica su edad: Rode era joven, no era una niña pero tampoco un adulto. Rode era una adolescente.

Entonces Rode reconoce la voz de Pedro. Me imagino el diálogo:

—¿Quién es?

—¡Yo, Pedro!

—¿Pedro?

—¡Simón, hijo de Jonás!

¿Qué hubieras hecho tú ante tal información? Piénsalo unos minutos. ¿Abrir la puerta? ¿Avisar que era Pedro? ¿Sacar un arma por si las dudas? Pedro estaba en una celda de máxima seguridad, ¿cómo podía encontrarse ahora tocando la puerta de la casa? Sin embargo, la Biblia nos cuenta que Rode se alegró: su primera reacción fue saltar de gusto. ¡Era Pedro! ¡Pedro estaba allí y no en una celda sucia y fría! ¿Qué hubieras hecho después? Rode, en lugar de abrir la puerta, corrió hacia adentro y anunció: *«¡Pedro está a la puerta!».*

Allí comenzaron los problemas.

¿Te ha pasado que quieres dar un anuncio y las palabras no te salen o surgen con tal desorden que nadie te entiende? ¿Has repetido algún mensaje que solo provoca la consternación de los demás? Rode pasó por lo que tantas personas —sobre todo adolescentes— experimentan tarde o temprano.

—¡Pedro está a la puerta!

Uno se voltea:

—Estás loca.

Pedro sigue tocando. Quizás tiene miedo de que pase la guardia nocturna y vuelvan a arrestarlo. Rode escucha los golpes contra la madera y se apresura a decir:

—¡En serio, es Pedro!

—¿Cómo crees...?

—Vayan a ver ustedes.

—Ven a orar y deja de decir tonterías.

—Es Pedro...

—Quizás sea su ángel.

Pero Rode no se rindió, estaba segura de lo que sabía. Finalmente, abren la puerta y se quedan asombrados: Pedro cuenta su historia y les pide que le avisen a Santiago, el hermano de Jesús y líder de la iglesia, lo que ha pasado. Luego de esto huye a otra ciudad y escapa de Herodes.

¿Pero qué aprendemos de Rode?

Primera lección

Aún hoy seguimos malinterpretando a Rode, la acusamos de su debilidad o su torpeza por no abrir de inmediato. ¿Por qué no abrió la puerta en lugar de ir a discutir con el resto? Pero me llama la atención lo que Rode hace; esta muchacha hizo tres cosas que hoy podemos imitar.

En primer lugar, *escuchó*. Quiero confesarte algo: aún hoy siento muchas veces al día que nadie me comprende. A veces quisiera que alguien se sentara frente a mí y que me escuchara unas tres o cuatro horas, quiero explicar el por qué hago lo que hago, por qué siento lo que siento, por qué pienso lo que pienso. No me gusta que otros me juzguen o malinterpreten mis acciones; sin embargo, no me gusta escuchar. Es más cómodo tener un auditorio cautivo que ser un auditorio cautivo.

El secreto de la comunicación no está en expresarnos bien sino en saber escuchar. Quizás hoy sientes que no puedes dialogar con tu madre sin que una de las dos explote. ¿Has intentado escucharla? Tal vez tu padre es demasiado estricto. ¿Te ha contado cómo fue su juventud? Dice un dicho que «hablando se entiende la gente», pero yo más bien diría que «escuchando se entiende la gente». Cuando escuchas y te enteras del por qué la gente hace lo que hace, siente lo que siente o piensa lo que piensa surge en ti un sentimiento primordial: la empatía, lo que permite que te pongas en los zapatos del otro y puedas comprender mejor su punto de vista.

Por algo Jesús dijo muchas veces: «*¡El que tenga oídos, oiga!*». Tenemos dos oídos pero los usamos poco, y nuestra lengua es más rápida y termina ahogando las oportunidades de conocer y comprender, de ser conocidas y comprendidas. ¿Lo ves? Si tú escuchas te ganarás el derecho a ser escuchada.

Segunda lección

¿Qué más aprendemos de Rode? Que *se alegró*, y aquí encuentro una chica que no tiene miedo de gozarse en lo que importa. Cuando examino mis diarios noto que yo confundía el gozo superficial con el gozo verdadero, ya que a veces pensaba que me la pasaba bien en el cine o en fiestas pero en ocasiones lo que veía o lo que escuchaba me entristecía aún más.

Sin embargo, en algunas páginas de mi diario pude encontrar verdaderos momentos de gozo, como cuando enseñé a un grupo de niñitos durante una escuela de verano en mi iglesia, me deleité preparando el material y contándoles de Jesús. Me gocé cuando mi padre consiguió trabajo después de un largo tiempo sin sustento, me regocijé el día de mi bautismo, pero sobre todo hubo instantes en que mi gozo fue tan profundo y secreto que solo mi diario se enteró, como cuando gané el tercer lugar en un concurso de cuentos.

Si asistes a una iglesia, ¿te regocijas en los cantos? ¿Te gozas cuando las oraciones han sido contestadas? Temo decir que muchos adolescentes más bien se ponen una careta de mala compañía y todo su lenguaje corporal deletrea la palabra «aburrimiento». ¿Sabes por qué? Porque quizás aún no tienen algo por qué gozarse, tal vez no han experimentado el verdadero gozo. ¿Y cuál es este? Cuando Jesús llena el vacío de nuestras vidas.

Tercera lección

Rode escuchó, se gozó y *abrió la puerta*. Sí, tal vez no lo hizo al principio pero a final de cuentas sucedió. Y tú, ¿has abierto la puerta? No es Pedro quien está tocando sino alguien más importante; Apocalipsis 3:20 dice: «*Yo estoy siempre a la puerta y llamo; si alguno escucha mi voz y abre la puerta, entraré y cenaré con él y él conmigo*». ¿Y quién habla? ¡Jesús mismo!

Jesús está diciendo estas palabras a una iglesia que ha estado jugando a ser buena, ya que las personas en esta iglesia eran tibias. Laodicea está localizada en Turquía y se ubica entre dos ciudades que se distinguen por su agua: en una hay manantiales fríos que te refrescan en un día veraniego y en la otra hay albercas de aguas termales que producen alivio. Pero Laodicea ofrecía agua tibia.

En la carta, Jesús expone la hipocresía de la iglesia y les recuerda que necesitan ayuda. Jesús está a la puerta y está tocando, está insistiendo. Trae la noticia más grande del mundo a tu puerta. ¿Cuál? La de que te ama, que ha pagado por tu pecado y que quiere compartir contigo la vida eterna. ¿Oyes su voz? El versículo dice: *«si alguno escucha»* y eso significa que no todos oyen su voz; algunos viven en medio del intenso ruido de sus pensamientos y pasan por alto la voz tierna y civilizada del Salvador.

Por un momento guarda silencio y escucha, quédate quieta y deja que la voz de Jesús, a través de su Palabra, te hable. Está diciéndote: *«Yo estoy a la puerta»*. Luego dice: *«si abres»*. No todos la abren. ¿Y tú? ¿Abrirás la puerta? Jesús entrará y cenará contigo, como amigos. No más vacío, no más inquietud: Jesús quiere escucharte, él te entiende.

Solo te pido que notes una cosa más: Jesús no le dice estas palabras a las que no son sus hijas sino a una iglesia, a aquellos que han creído en él. Si tú aún no te decides a ser su hija, hazlo hoy; él te espera. Pero si tú ya eres su hija, quizás tienes a Jesús afuera de tu vida y por eso crees que nadie te entiende; aun cuando te ha salvado de tus pecados lo tienes solo como un seguro de vida pero no como tu Señor, como tu Salvador, como tu Dios.

Rode escuchó, se gozó y abrió la puerta, y por eso su nombre está hoy en la Biblia.

Un nombre

No siempre conocemos todos los nombres de los personajes de la Biblia: ignoramos el nombre del chico que compartió su almuerzo para alimentar a una multitud y no sabemos cómo se llamaba la hija de Jairo ni la esposa de Pedro, pero Dios decidió que el nombre de Rode se incluyera en el libro de Hechos. Quizás Lucas, su autor, puso el nombre de Rode porque ella llegó a ser una mujer reconocida en la iglesia; probablemente se casó, tuvo hijos y sirvió por muchos años no solo como criada sino como sierva de Jesús.

Del mismo modo, tu nombre es importante y Dios lo conoce, y por eso te entiende. Quizás piensas que aún puedes esperar para tomar la decisión de abrir la puerta a Jesús, pero las dos chicas de los diarios que te mencioné al principio no vivieron más allá de la adolescencia: Ana Frank murió en un campo de concentración por ser judía y Alicia murió por una sobredosis de drogas. A la vida no la tenemos comprada.

Ahora quiero detenerme para decirte algo que quizás te haga levantar las cejas: la frase «nadie me entiende» es en cierta parte verdad, y nadie lo hará nunca al cien por ciento. Yo no termino de comprender a mi esposo ni a mis hijos, y me resultan un enigma la mitad de las veces.

Por otro lado, esos sentimientos que conllevan dicha frase son reales y no intento minimizarlos. Lo que tú sientes hoy es válido, así que no oirás de mí: «Cuando seas grande, todo esto pasará y verás que no fue nada». ¿Sabes por qué creo que me equivocaría al decir eso? Precisamente porque yo no sé si llegarás a «grande» y porque lo que hoy sufres o sientes definirá tu futuro. Tu adolescencia es muy importante.

¿Entonces? Escucha con atención. Lee este versículo conmigo: *«Cada corazón conoce su propia amargura, y ningún extraño puede compartir su alegría»* (Proverbios 14:10). En otras palabras, el corazón es tan profundo que nadie —ni tú misma— lo entenderá a la perfección. Debo confesarte que cuando Jesús no está en nuestras vidas el vacío provocado por el pecado no disminuye sino que aumenta; los jóvenes lo disimulan con estudio y trabajo, los adultos lo escondemos detrás del éxito profesional o la crianza de los hijos y los ancianos fingen que no existe o se vienen abajo pues el peso les resulta abrumador.

Como adolescente, estás en una hermosa etapa de honestidad (no he leído diarios que conmuevan tanto como el de una adolescente) ya que en esta edad puedes desnudar tu alma sin problemas. Esa transición de niña a adulta permite que guardes la sinceridad de la niñez sin ahogarla en la hipocresía de la juventud. Tristemente, un diario no puede cambiar tu vida.

🌼 El diario de tu vida

Alicia escribió: «¡Oh, por favor, diario, ayúdame a ser fuerte y firme! ¡Ayúdame a hacer gimnasia cada mañana y noche, a limpiar mi cutis, a comer debidamente, a ser optimista y agradable, positiva y risueña! Quisiera tanto ser alguien importante, o sencillamente que de vez en cuando me invitase algún muchacho. Tal vez la nueva 'yo' sea diferente».

¿Qué te parece su petición? Todas deseamos acudir a alguien que nos auxilie en nuestros propósitos de Año Nuevo: luchamos con el peso, con un cutis sin granos, con ser mejores, pero sobre todo con ser aceptadas. Alicia acude a su diario, una libreta que no puede responderle.

Conocí hace unos años a una modelo profesional, y cuando digo «profesional» me refiero a que hacía comerciales y pasarelas en las grandes ligas del modelaje: de París a Nueva York, de Londres a San Pablo. Era una mujer hermosa, hija de un brasileño y una asiática, alta, delgada, perfecta. Comenzó a modelar de niña, más o menos a los doce años; a los catorce ya había probado drogas, y a los dieciséis quería suicidarse.

Un momento. Alicia, la del diario, seguramente era como yo y por eso luchaba con un cutis limpio y con el sueño de que un chico la invitara a salir. ¿Pero esta chica supermodelo? Aunque no lo creas, ella bien pudo haber escrito las mismas frases que Alicia; me confesó que se sentía fea a pesar de ganar miles de dólares por sonreír a la cámara, que se sentía sola a pesar de andar en fiestas de gente famosa, y se sentía vacía a pesar de recibir invitaciones a todo el mundo.

La muerte espiritual no es exclusiva de los que la sociedad considera «inadaptados» o «perdedores», la muerte espiritual también sigue a los ricos y famosos. No debe sorprendernos que tantos adolescentes que triunfan en películas terminen en centros de rehabilitación; el problema está en el alma, en el corazón, en la profundidad de nuestro ser.

El problema está en el alma, en el corazón, en la profundidad de nuestro ser.

Tristemente, un diario no puede ayudarnos; podemos confiarle todo lo que queramos pero no nos hará más sabias o agradables. ¿Dónde podemos encontrar a alguien que nos escuche incon-dicionalmente y conozca nuestro interior pero que al mismo tiempo pueda ayudarnos a cambiar y tener ese nuevo «yo»?

La respuesta, nuevamente, está en la Biblia. Lee con atención este salmo: «*Señor, tú me has examinado el corazón y me conoces muy bien. Sabes si me siento o me levanto. Cuando estoy lejos, conoces cada uno de mis pensamientos. Trazas la senda delante de mí, y me dices dónde debo descansar. Cada momento sabes dónde estoy. Sabes lo que voy a decir antes que lo diga, Señor. Por delante y por detrás me rodeas, y colocas tu mano sobre mi cabeza. Conocimiento tan maravilloso está más allá de mi comprensión; tan grande es que no puedo entenderlo*» (Salmos 139:1-6).

Dios sabe todo acerca de ti: podríamos decir que es el diario de tu vida, conoce dónde estás y qué haces, pero aun más conoce tus pensamientos. Comprendo bien lo que sientes; resulta halagador, pero también un poco intimidante. ¿Acaso no tenemos privacidad? No delante de nuestro Creador. Él tiene el derecho de saber todo acerca de nosotros porque nos creó; él es nuestro dueño, por así decirlo.

El libro de Dios

Pero sigamos leyendo: «*Tú hiciste todas las delicadas partes internas de mi cuerpo y las uniste en el vientre de mi madre. ¡Gracias por haberme hecho tan admirable! Es admirable pensar en ello. Maravillosa es la obra de tus manos, y eso lo sé muy bien. Tú me observaste cuando en lo más recóndito era yo formado. Tus ojos vieron mi cuerpo en gestación: todo estaba ya escrito en tu libro; todos mis días se estaban diseñando, aunque no existía uno solo de ellos*» (vv. 13-16).

Un momento: ¿entonces Dios tiene un diario? Así parece expresarlo el poeta. Cada día de nuestras vidas está registrado en el libro de Dios. ¿Cómo lucirán las entradas? Ni siquiera puedo imaginarlo, pero si bien el autor de los salmos usa figuras retóricas para alabar a Dios, no está lejos de la realidad. Dios es omnisciente, en otras palabras, Dios todo lo sabe; conoce el pasado, el presente y el futuro del planeta, de la humanidad y de cada ser humano y lee los pensamientos de cada persona que haya nacido.

A mí me sorprende pensar en un Dios tan poderoso, pero sobre todo me deja asombrada el recordar que él quiso darme libertad para alabarlo, buscarlo y amarlo. Si bien podría dirigir cada uno de mis actos —pues es su derecho— me permite tomar decisiones, y aun cuando me equivoco me ayuda a corregir mi camino.

¿Cómo es el libro de tu vida que está en las manos de Dios? Si él ha diseñado cada momento de tu vida, ¿por qué hay pasajes tristes que hoy lamentas y quisieras borrar? Porque no olvides que te ha dado libertad; él tiene planes para ti pero no te obliga a ir por el camino perfecto. Afortunadamente, estará allí en el momento en que le digas «Toma tú el control», y entonces se hará cargo de los detalles.

Por eso el salmista concluye: *«¡Cuán preciosos son los pensamientos que tienes de mí, oh Dios! ¡Son innumerables!*

No puedo contarlos, superan en número a los granos de arena. Y cuando despierto en la mañana, tú todavía estás conmigo» (vv. 17-18).

🌸 Llena de él

El salmista pudo exclamar esto porque estaba lleno de Dios. El vacío es cosa del pasado, y solo los que hemos creído en Jesús podemos caminar de la mano de Dios. Si tú has emprendido este viaje con él, Dios irá delante de ti, junto a ti y detrás de ti; él le dará propósito a tu vida. Aún habrá días malos, típicos de la adolescencia y de la vida misma, pero tendrás la certeza de que puedes recurrir a alguien.

Revisando mis diarios me topé con una sorpresa. Inicié mis escritos imitando a Ana Frank: me dirigía a mi diario como si fuera una persona, una amiga o un confidente, pero pocas entradas después ya no hablaba con mi diario sino con Dios. Supongo que puedo titular a esas libretas que he acumulado durante los años como mis «Diarios de oración». La mayoría de los escritos van dirigidos a Dios. A veces me quejo, en otras le ruego por esto o aquello, en unas partes lo alabo y en otras le doy las gracias mil veces.

¿Recuerdas lo que escribió Alicia en su diario? Ella quería un «yo» diferente, quería ser importante, agradable, positiva y risueña. Yo también necesito un nuevo «yo»; no me gusta la mujer que surge en mí cuando me enojo o cuando las cosas no salen como quiero. Soy egoísta, impaciente y perezosa, pero en mis diarios de oración leo peticiones que le hice a Dios y que él poco a poco me ha concedido. Lo mismo hizo David en el salmo 139: *«Examíname, Dios, y conoce mi corazón; pruébame y conoce mis pensamientos. Señálame lo que en mí te ofende, y guíame por la senda de la vida eterna»* (vv. 23-24).

Un corcel salvaje

¿Has visto alguna película sobre caballos? En casi todas ellas un potro salvaje debe ser domado para competir en carreras o tirar de una carreta, y su amo debe quebrar su voluntad (por así decirlo) y enseñarle que lo mejor para él es dejarse guiar por la brida, ese freno que se coloca en su boca para que avance o se detenga.

Así somos los seres humanos, caballos salvajes que en cierto modo no podemos ser útiles a los demás a menos que alguien nos controle. Sé que lucen hermosos los caballos salvajes corriendo por un prado, pero los seres humanos somos caballos salvajes que, lejos de vernos hermosos, lastimamos, herimos y ofendemos a los demás. Corremos de tal modo que destruimos cosas a nuestro paso.

La adolescencia es el momento de más descontrol. Al salir de la niñez es como si nos hubieran abierto la puerta del corral y al vernos en libertad brincamos, saltamos y pateamos sin ton ni son porque no sabemos qué hacer ahora que estamos fuera de la protección del granero.

¿Te confieso algo? Tarde o temprano alguien tomará las riendas; no creas que andaremos libres por siempre. Y solo hay dos amos en este mundo: Dios o alguien que no es Dios. Muchos adolescentes son controlados hoy por las drogas, el alcohol o el sexo desenfrenado; ellos creen dirigir su vida, pero son marionetas.

¿Quién sujeta las riendas de tu vida? Aun cuando creas que tú tienes el control eres una casa abierta para otros con más poder. Siempre habrá alguien que te controle. Decide hoy escuchar esta invitación: «*El Señor dice: "Yo te instruiré y te guiaré por el mejor camino para tu vida; yo te aconsejaré y velaré por ti. No seas como el caballo ni como la mula que no tienen discernimiento y que necesitan un freno en la boca para no salirse del camino*» (Salmos 32:8-9).

🌸 Alguien te entiende

Quiero imaginar esta conversación entre Rode y Pedro:

—No abrí la puerta porque estaba emocionada.

—Sí, te entiendo.

—Es que quería avisarles a todos; estaban orando por ti, pero tú ya estabas aquí. ¿Para qué orar por ti cuando podían verte y abrazarte?

—Sí, entiendo.

—Hasta hoy me critican y me preguntan por qué no actué antes pero no sé, no pensé rápido, tenía mucho en la cabeza.

—Sí, comprendo.

—Pero, ¿por qué dices eso? ¿Por qué me comprendes?

—Porque yo estuve allí, solo que del otro lado de la puerta.

No importa lo que hayas vivido o vivas en el futuro, no importa por qué haces lo que haces, por qué sientes lo que sientes o por qué piensas lo que piensas: Jesús te entiende. ¿Por qué? Porque él ha estado allí, al otro lado de la puerta. Él también padeció y sufrió, a él tampoco nadie lo entendió cuando vivió en el mundo; lo acusaron de ser hijo de Satanás, de ser un mentiroso y de engañar a la gente, y aun así decidió obedecer y morir por la humanidad. Ese mismo Jesús hoy está a la puerta, a tu puerta, y te pide que le abras.

Como Rode, escucha, alégrate y abre la puerta, déjalo entrar y conversen juntos. Cada corazón conoce su propia amargura pero Jesús quiere suavizar tus cargas y escucharte. Es cierto que nadie más puede compartir totalmente nuestras alegrías, excepto quien nos hizo y nos ama. No lo olvides: alguien te entiende y siempre te entenderá.

Rachel
Scott

Esta historia comienza por el final, un 20 de abril de 1999 en un pueblo en el estado de Colorado (Estados Unidos). Esa mañana, Eric y Dylan despertaron muy temprano con un plan macabro en mente, el cual llevaron a cabo: con 18 y 17 años se encontraron fuera de la escuela preparatoria a la que asistían como estudiantes pero portando armas de fuego.

Después de toparse con un conocido y darle la oportunidad de huir, entraron a su lugar de estudios con la idea de asesinar a los que más pudieran. Era la hora del almuerzo, así que Rachel se encontraba en las áreas verdes junto a la entrada oriental del recinto, comiendo con su amigo Richard Castaldo.

Escucharon una pequeña detonación, que tomaron como una típica broma de los alumnos mayores; luego, de la nada, ambos fueron atravesados por balas. Richard no murió pero quedó paralizado y todavía hoy utiliza una silla de ruedas; Rachel falleció. Tenía solo 17 años.

La matanza de Littleton (Colorado) —también conocida como la matanza de Columbine— en que estos dos jóvenes, Eric Harris y Dylan Klebod, asesinaron a quince personas (incluidos ellos mismos) e hirieron a otras veinticuatro ha dejado una huella imborrable en la historia. Se han escrito libros y hecho documentales sobre el incidente. ¿Por qué dos jóvenes harían algo tan terrible? Se han cumplido más de veinte años de aquel lúgubre día, pero la tristeza aún embarga a los que leemos sobre ella.

Por otro lado, si esto no hubiera sucedido y buscáramos en Internet el nombre de Rachel Scott, solo encontraríamos el link a su cuenta de Facebook o su Instagram; sin embargo, después de este incidente existen cientos de páginas sobre ella e incluso una organización sin fines de lucro que lleva su nombre.

Una de las razones por las que también sabemos acerca de Rachel Scott es que ella dejó un registro de su vida y sus pensamientos: en pocas palabras, Rachel escribió un diario.

Querido diario

Dos años antes de esta tragedia, Rachel recibió un regalo especial y escribió: *«Querido Dios, ¡gracias! Gracias por mi mamá, mi mamá quien me ha dado este diario para que pueda escribirte a ti».*

Rachel recibió este diario el día de Navidad y de inmediato decidió que a través de él se comunicaría con Dios. Debido a esto, ahora sabemos mucho sobre lo que Rachel pensaba, y después de muchas entrevistas sus padres escribieron un libro sobre su vida titulado Las lágrimas de Rachel. También se ha hecho una película sobre su vida llamada No me avergüenzo.

Asomémonos un poco a la vida de esta joven de 17 años que perdió la vida tempranamente pero que dejó una marca indeleble en el corazón de las personas que la rodearon.

 Niñez

Rachel nació en agosto de 1981 y ocupaba el lugar número tres de los cinco hijos que tuvieron sus padres, Darrell Scott y Beth Nimmo. Creció en un núcleo cristiano; de hecho, su padre era pastor en una iglesia en Lakewood (Colorado) y trabajaba como gerente de ventas para una compañía de alimentos.

Sus padres se divorciaron en 1988 cuando Rachel tenía 7 años. No sabemos mucho de lo que Rachel sintió cuando esto sucedió ni los detalles de esta separación. Sus padres mantuvieron una relación cordial y Rachel no perdió contacto con su padre; sin embargo, no debió ser fácil para Rachel ni para sus hermanos atravesar ese complicado camino.

Uno de los principales problemas fue el financiero, ya que su padre dejó de trabajar en la iglesia y tuvo que comenzar su propio negocio y su madre, antes un ama de casa, tuvo que encontrar cómo ayudar a las finanzas familiares.

En cierta ocasión, su madre necesitaba nuevos neumáticos para conducir en el duro invierno de Colorado. En voz alta le pidió a Dios por un milagro, pues no podía andar con cinco hijos en el auto sin la protección debida. Entonces una mañana cuando llegó a su oficina vio cuatro neumáticos nuevos en el depósito de la basura; entró corriendo a preguntar qué hacían allí y su jefe le comunicó que ya no los necesitaba. Lo que era basura para él se convirtió en el milagro para la madre de Rachel y una lección para ella sobre la fe.

¿Y cómo era Rachel? Sus padres la describían como llena de energía, sociable e interesada en los necesitados, y entre sus pasiones estaban la fotografía y la poesía.

Adolescencia

La vida de Rachel comenzó a cambiar a partir de 1993. El primer evento sucedió en marzo cuando visitó la iglesia a la que asistían sus tíos en Louisiana; allí, Rachel asistió a un servicio pentecostal y con tranquilidad avanzó al frente, donde le entregó su vida a Jesús. En pocas palabras, le dijo «sí» a Dios.

Rachel, de cabello lacio y castaño, comenzó un nuevo período de su vida del que no sabemos mucho hasta que escribió su diario, donde abre su corazón para contarnos que la vida familiar no era sencilla sino como la de cualquier chica normal.

«Querido Dios, te pido ayuda en esta casa. Te pido que reemplaces el odio con tu amor. Ablanda nuestros corazones, abre nuestros ojos y silencia nuestras lenguas».

Su madre se casó por segunda vez en 1995 y ella tenía 15 años cuando adquirió un padrastro y un hermanastro; además, en su propia familia tenía hermanos de edades similares, todos cruzando la adolescencia, y debió ser complicado navegar por esas aguas.

Rachel estaba consciente de que necesitaba a Dios para ayudarla en estas circunstancias, y así lo mostró en sus escritos.

Nueva pasión

En la preparatoria, Rachel también descubrió una nueva pasión: la actuación. Junto con su mejor amiga entró al club de drama y decidió que quería ser una actriz. Otros días incluso soñaba con ser dramaturga.

> *«Un día, papá, me verás en televisión. Sé que seré famosa».*

Cuando ella y su amiga se anotaron para la obra de teatro escolar, Rachel soñaba con la parte principal pero luego descubrió que su mejor amiga había obtenido el rol. Eso le dolió y sintió verdaderos celos; Rachel pasó un mal rato tratando de conciliar la situación dentro de sí misma y delante de Dios. Sin embargo, su sinceridad ante Dios por medio de su diario le dio un nuevo enfoque y le ayudó a superarlo.

En su diario escribió cómo su amiga era dulce, bonita y popular así como talentosa, pero logró agradecer a Dios por esas cualidades. No debió ser fácil, pero la disciplina de escribir con honestidad seguramente ayudó a su madurez y a poder conciliar las cosas que sucedían a su alrededor.

Sus compañeros de teatro aprendieron a apreciar a Rachel. En cierta ocasión sus maestros de drama decidieron hacer un ejercicio: les pidieron a todos que apodaran al resto del equipo con algo totalmente opuesto a su personalidad. ¿Sabes cómo decidieron apodar a Rachel? Esto no va a sonar para nada lindo pero solo refleja algo acerca de Rachel: le pusieron *D.D.W.*, cuya traducción sería «sucia, sucia ramera».

Por supuesto que esto nos resulta totalmente inaceptable, quizás sorpresivo, pero sus maestros recalcaron que esto solo resaltaba lo que los demás veían en ella, es decir, a una jovencita con pureza moral sólida. De hecho, los maestros comentaron que los chicos del club de drama respetaban a Rachel y la apreciaban por ser fiel a sus convicciones.

Una de las personas que participaba en su club de drama era precisamente Dylan, uno de los asesinos. ¿Conversaron alguna vez? ¿Descubrió Rachel que él cargaba mucho rencor?

En el fondo

Si bien sus amigos describían a Rachel como una chica contenta y tranquila —y ciertamente lo era—, ella experimentaba lo que tantos otros adolescentes: se sentía fea y fuera de lugar, y pasó por días difíciles en octavo grado. Los cambios en ocasiones eran demasiados y tan intensos que no podía manejarlos. Comenzó a hacer preguntas difíciles sobre Dios, sobre la vida y sobre sus padres.

En cierto modo, sentía como si hubiera dos Rachel: la «externa» que todos podían ver, graciosa, inteligente y sociable, y la «interna», que solo ella y Dios conocían.

¿Te has sentido así? Pienso que todos los seres humanos reconocemos esta realidad y aprendemos a vivir con ella. No eres dos personas sino una, pero siempre habrá una parte privada que solo tú conoces y que dictará muchas cosas.

Quisiera hacer aquí una pausa para hablarte de Eric y de Dylan.

Como todo adolescente, ellos también pasaron por estas luchas, ellos también dejaron notas y diarios, grabaciones y videos de sus pensamientos y frustraciones. También había dos Eric, uno que prometía cambiar y mostrar buen comportamiento, y el interno que albergaba rencor y deseos de venganza.

La pregunta es: ¿qué harás con esas dudas, con esas preguntas, con esas luchas que son parte de crecer? Puedes llevarlas a Dios y ser honesta con él, con otros adultos y contigo misma o puedes ahogarlas y dejar que la amargura, el odio o la soledad las aplasten. Si eliges lo segundo tomarás el camino equivocado, como el querer sofocar esas luchas por medio del consumo del alcohol o las drogas, volcándote en una vida desenfrenada de rebeldía y relaciones dañinas, o como Eric y Dylan, usando la violencia contra otros y contra ti misma como la única salida.

Rachel también miró hacia adentro y encontró confusión. Luego miró hacia afuera, donde no había más que apariencias. La diferencia está en que decidió mirar a Dios y clamar: «Quiero alcanzar un nuevo nivel contigo, Dios. Llévame allí. Lo deseo tanto».

El camino no fue fácil.

Las cosas se complican

Después de asistir a una escuela cristiana durante la secundaria, Rachel llegó a una preparatoria grande, con personas de diferentes creencias y formas de vida opuestas.

Rachel amaba a Jesús, no cabe duda después de leer su diario. Por querer seguirlo perdió a muchas de sus amigas, compañeros del colegio dejaron de hablarle y se alejaron de ella en los casilleros porque ella deseaba ser más como Jesús.

Por otro lado, Rachel deseaba ser como los demás. Dos meses antes de aquella mañana del 20 de abril le había confesado a su mamá algunas cosas que había hecho; por ejemplo, habló del hábito que había adquirido de fumar cigarrillos. Aunque no sabemos por cuánto tiempo lo hizo, ella luchó con esto hasta que decidió dejarlo y contárselo a su madre.

La segunda cosa que confió a su madre fue sobre una multa que recibió al conducir. Rachel había soñado con tener su propio auto y su sueño se convirtió en realidad cuando recibió un Acura, pero tener un auto conllevaba responsabilidades y en cierta ocasión ella falló, y su madre agradeció que recibiera la multa por exceso de velocidad para que así aprendiera la lección.

Sin embargo, su madre se enteró de otra de sus áreas de lucha. Rachel tuvo un novio al que quiso mucho, se llevaban bien y pasaban tiempo juntos, pero Rachel se preocupó de la escalada en el nivel físico de su relación. Las caricias aumentaron, y con eso la posibilidad de caer en la tentación sexual, entonces decidió terminar con su novio.

Las tentaciones son parte de la vida. En ocasiones, Rachel tuvo la fuerza para decir no, y en otras sucumbió a la presión del grupo para ser como los demás o pertenecer a algún grupo específico de la escuela, como cuando decidió fumar. Y tú, ¿cómo enfrentas la tentación?

Rachel también llegó a dudar de la existencia de Dios o pensó que no valía la pena esforzarse por seguirlo; sin embargo, encontró un grupo de amigos en su vida donde pudo compartir sus temores y encontrar fuerzas para seguir.

Breakthrough

Cuando su hermana mayor la invitó a formar parte de un grupo de jóvenes cristianos que se reunían cada semana, Rachel no imaginó el impacto que tendría sobre su vida. *Breakthrough* significa «ruptura» o «progreso», y para Rachel implicaría un cambio de mentalidad.

Antes de noveno grado, para Rachel la iglesia significaba aburrimiento. ¿Te identificas con ella? El nuevo grupo la hizo cambiar de opinión: se dio cuenta de que ir a una iglesia no hace de alguien un cristiano y que decir que uno es cristiano no es suficiente. «Cristiano» significa «ser como Cristo».

El reto más grande para ella consistió en ser la misma chica en el grupo juvenil de la iglesia y en la escuela; ella sabía que eso no sería fácil y, como ya leímos, perdió a muchas de sus amigas cercanas en la preparatoria. Sin embargo, en el grupo siempre encontró apoyo, consuelo y guía.

Aun más, al ser rechazada por sus compañeros de clase comenzó a pensar en la amistad. ¿Qué tipo de amiga era ella? ¿Una que daba la espalda a quienes deseaban vivir por sus convicciones? ¿Una amiga cambiante y sin fundamentos? Decidió entonces ser una clase de amiga incondicional.

Cuando Rachel fue «abandonada» por esas chicas que no se correspondían con su estilo de vida como seguidora de Jesús, Rachel miró a otros alrededor y eso permitió que tuviera un nuevo grupo de amigos que llenó su corazón.

Nuevos amigos

Cuando sus cinco amigas cercanas pusieron distancia con ella por su compromiso para ser más como Jesús, Rachel escribió: «*Ahora que he comenzado a hacer lo que predico, se burlan... Ya no tengo más amigas en la escuela pero, ¿sabes? Vale la pena*».

Al no poder pertenecer a cierto grupo social fijó sus ojos en aquellos que, como ella, quizás se sentían apartados o ignorados. Uno de sus compañeros escribió que siempre había orado a Dios para que le enviara a alguien a quien le importara, y Dios entonces le envió un ángel. Rachel se hizo su amiga y lo hizo sentirse como la persona más importante del mundo: incluso lo llamó «hermano mayor».

Otro chico que cursaba la preparatoria con Rachel sufría de numerosas discapacidades físicas. En pocas palabras, carecía de amigos. Su vida había sido solitaria, pero Rachel puso sus ojos en él y se hizo su amiga. Un día tuvieron la siguiente conversación.

—¿Has salido en una cita? —le preguntó Rachel.

—No.

—Bueno, entonces te invito a salir.

El chico se puso feliz: no solo tenía una cita sino que era con una chica bonita. El plan consistía en ir a cenar y al cine, pero tristemente la cita nunca sucedió debido a la masacre.

Seguramente has oído hablar de la palabra *bullying*, que es dañar o intimidar a alguien que es más vulnerable (quizás por su edad o vida social). El acoso escolar se da en todos los niveles y llega a tales proporciones que muchos chicos se deprimen o incluso se suicidan.

Rachel decidió ir contra la corriente y se acercó a aquellos que recibían esas burlas o acosos de parte de otros que se sentían superiores. Cabe notar que Eric y Dylan fueron víctimas del bullying y tuvieron que soportar las burlas de otros, así como bromas de mal gusto. No era raro verlos manchados con salsa de tomate que había sido lanzada por los grupos selectos o populares de atletas.

Cuando pensamos en bullying hablamos de tres grupos de personas: primero, los que acosan a otros. ¿Has sido parte de ellos? Temo que todas debemos confesar que en algún momento hemos abusado de nuestro poder, edad o fuerza para menospreciar a otro, sea en la escuela o en el hogar.

Segundo está el grupo de acosados. ¿Has pertenecido a ese núcleo? Tal vez me atrevo a decir que en algún momento hemos ocupado el otro lado del espectro. ¿Se burlaron de ti por tu falta de talento deportivo? ¿Señalaron tu aspecto físico? ¿Se rieron de tu poca capacidad académica? Quizás hiciste algo que a otros les pareció gracioso y lo agrandaron hasta el grado de volverlo más que un chiste, y eso se convirtió en un tormento.

Finalmente, en tercer lugar está el grupo de los espectadores. Si bien parece que es el menos afectado o dañino, a veces creo que este grupo ha propiciado el acoso de muchas maneras; ver a otros burlarse y no hacer nada te hace cómplice. Tu silencio valida o alienta a los abusivos.

Así que, sin importar en el grupo en que te encuentres, ¿qué puedes hacer? Si has acosado a otros, pide perdón; si has sido acosada, perdona; y si has sido una espectadora pasiva, es tiempo de hablar. Existen formas de denunciar el abuso, ya sea hablando con un adulto, diciendo algo en el momento o ayudando al ofendido. No seas parte del problema sino de la solución.

Rachel escribió un ensayo sobre su ética. Leamos: *«La compasión es la forma más grande de amor que los seres humanos podemos ofrecer... Mi definición de compasión es perdonar, amar, ayudar, guiar y mostrar misericordia a otros. Creo que si una persona puede desviarse de su camino para mostrar compasión, comenzará una reacción en cadena. Las personas no saben qué tan lejos puede llegar un poco de amabilidad».*

Rachel tuvo razón. En su funeral la gente compartió sobre su amabilidad: una señora recordaba cómo Rachel completó el dinero para que ella pagara la gasolina. Siendo una desconocida, recibió su ayuda. ¿Y qué decir del hombre que también recordó cómo ella se detuvo para auxiliarlo en el camino y sostener la linterna mientras cambiaba su neumático?

Un poco de amabilidad llegó lejos cuando Rachel murió. Esto se notó en su funeral de dos horas al que asistieron más de mil personas.

El legado

La familia de Rachel creó una organización sin fines de lucro con el propósito de abogar por un clima seguro y positivo en las escuelas, lo que implica una campaña para aminorar la violencia, el acoso y la discriminación.

Las palabras de Rachel todavía siguen tocando corazones.

Hemos estado hablando de diarios. Chicas como tú plasmaron sus pensamientos en cuadernos especiales: Ana Frank, Alicia, Rachel Scott. Todas desbordaron sus corazones en el papel, dirigiéndose a una amiga imaginaria o a Dios.

¿Has visto el patrón común en cada una? Hablamos de una chica judía de la Segunda Guerra Mundial, una joven americana de los setenta y otra de los noventa. Una murió en un campo de concentración, la otra de una sobredosis y la tercera en una masacre en su colegio, y sin embargo las tres luchaban con los mismos temas. Ninguna se creía bonita; las tres cuestionaban la existencia de Dios; las tres anhelaban enamorarse o tener a alguien especial; las tres se sentían solas.

Creo que podemos aprender una importante lección de todo esto.

Abre los ojos y los oídos

La próxima vez que te sientas sola o incomprendida, cuando estés en la escuela o en tu casa, a solas o en medio de un grupo de amigos, piensa en lo siguiente: *no eres la única que se siente igual.*

Abre los ojos. Quizás estés en un centro comercial rodeada de chicas que visten a la moda y ríen entre ellas; una de ellas, probablemente, estará fingiendo que todo está bien.

Incluso tu artista preferida, la cantante que más admiras, seguramente ha pasado por días complicados donde se ha sentido fea, inútil o poca cosa.

Abre los oídos. Si escuchas con atención a otras personas descubrirás que las inseguridades nos acompañan a todos. En otras palabras, no hay ser humano que se sienta completo, perfecto o totalmente feliz; todos pasamos por días buenos y malos, y cuando llegan los malos nuestras defensas bajan.

Eric y Dylan se refugiaron en la violencia. Alicia buscó las drogas. Rachel eligió la compasión. ¿Y tú?

Antes de terminar este capítulo pensemos un poco en los días malos. Después de varias décadas en este planeta, he concluido que los días malos vendrán irremediablemente; en ocasiones serán breves, de veinticuatro horas, pero otras veces quizás duren semanas. Lo que hagas con los días buenos te preparará para los malos. En esos días en que las cosas funcionan regala sonrisas, habla con los «invisibles» de la escuela o la iglesia, sé amable con los desconocidos. Cosecharás lo que nunca sospechaste y estarás lista para los días malos.

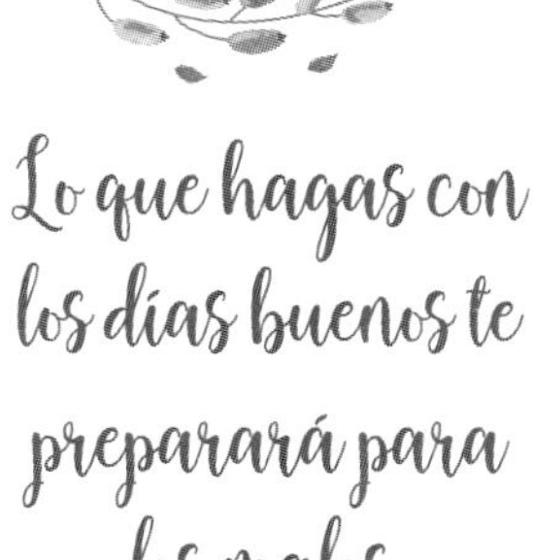

Cada día, según las estadísticas de los Estados Unidos, 160.000 estudiantes no van a la escuela por causa del acoso escolar. Tú puedes hacer la diferencia en uno de esos chicos, tú puedes hacer la diferencia en tu propia vida si decides buscar la compasión y no la autocompasión; y cuando lleguen los días malos no te hundas en la tristeza, no caigas en la trampa de la autocompasión. Tampoco mires hacia adentro ni hacia afuera, sino hacia arriba. Dios quiere ayudarte. Permite que te tienda la mano.

 Trece

Dos horas antes de morir, Rachel hizo un dibujo en su diario. ¿Sabes qué dibujó? Unos ojos de los que salían trece lágrimas que caían sobre una rosa (la flor de su escuela). Las lágrimas, en el dibujo parecen tornarse en gotas de sangre, y Rachel copió el verso bíblico: «No hay amor más grande que el dar la vida por los amigos».

Ese día murieron trece personas en el campus del colegio. Muchos perdieron una amiga especial en Rachel; sin embargo, Rachel conocía a quien dio su vida por todos y decidió seguirlo, a pesar de las burlas.

Rachel también escribió en su diario que ese sería el último año de su existencia. Tú y yo quizás no sepamos cuándo será el final, pero una cosa es cierta: hoy podemos elegir entre la vida y la muerte, entre seguir a Jesús o no, entre mostrar compasión o acosar a otros. ¿Qué vamos a decidir?

Capítulo 3

Alguien
te necesita

Por las noches despertaba llorando. Recordaba los gritos de su madre, de sus tías y de su abuela. Podía escuchar con claridad los pasos del enemigo, el relinchar de los caballos y las ramas crujiendo debido al fuego. Su boca se le secaba. Podía chupar la sal de su sudor y de sus lágrimas que se combinaban sobre sus labios. Luego el olor a humo, ese humo denso que se impregnaba en el pecho y le impedía respirar. Ese olor a incendio, a carne chamuscada o casas destruidas.

¿Y cómo olvidar sus manos agrietadas que hacían todo por salir de casa y escapar? Se laceró con objetos que no logró ver con claridad debido a la cortina de humo que se colocó frente a ella. Sus ojos ardieron; no vio más que sombras y figuras distantes que daban tumbos frente a ella. Ella solo quería respirar, abrir sus pulmones y vivir, pues sentía que se moría.

Entonces logró abandonar el fuego pero se topó con algo más temible. Unos ojos fieros la traspasaron; una mano como garra atrapó su brazo y la montó sobre un caballo y una cuerda rasposa la envolvió. En ese instante su corazón dejó de latir; era como morirse, mil veces como morirse. Hubiera sido mejor quedar atrapada en el incendio que verse atada por el enemigo, yendo rumbo a lo desconocido, sin saber la suerte de su familia.

Pero allí no había terminado la tragedia, aún faltaba despertar en aquella celda fría y oscura que compartió con más mujeres y hombres que habían perdido todo. Luego estaba el mercado de esclavos donde los prisioneros de guerra desfilaron como animales en exhibición. Ella se tambaleaba; sus pies descalzos estaban cubiertos por una capa seca y gruesa de polvo y sus ropas raídas dejaban observar sus piernas, lo que la avergonzó. Pero ya nada importaba; no sabía si su familia vivía. Quizás ya nadie la esperaba de vuelta. La vida, en pocas palabras, se había extinguido como una lámpara a la que se le acaba el aceite.

¿Qué otra cosa podía ensombrecer sus días? Quizás terminar en manos de un hombre corrupto y licencioso. Entonces una mano huesuda se posó sobre sus hombros; pertenecía a un anciano que le susurró en su lengua natal: «*Aunque él me matare, en él esperaré. Él mismo será mi salvación*» (Job 13:15-16, RVR60).

Ella recordó la historia de Job; tantas veces la escuchó que no podría olvidarla jamás. Su abuelo se la contaba durante las tardes más calurosas. Todos en su pueblo repetían la frase: «*Jehová dio, y Jehová quitó; sea el nombre de Jehová bendito*» (Job 1:21, RVR60). Pero ella no tenía ganas de bendecir a nadie: el Dios de sus padres le arrancó todo, la abandonó a su suerte en un mercado sirio. Ella solo deseaba morir.

El general

Dos días después la compraron. Llegó a una casa espaciosa y elegante; le agradaron los ventanales que daban paso a la brisa matutina, pero se negó a sonreír. Ella no volvería a hacerlo mientras viviera. Jamás olvidaría que esa gente había matado a sus padres y a sus hermanos. No los perdonaría jamás.

Otra esclava le explicó que se encargaría de vaciar agua todas las mañanas para que el ama se aseara. Como era pequeña y joven, actuaría de modo silencioso y atendería a la señora de la casa. ¿Qué debía hacer? Mantener en orden sus ungüentos, masajear sus sienes cuando ella sufriera jaqueca y ocultarse tras las cortinas para no estorbar, ir a tirar los bacines cuando se llenaran y limpiar los pisos si se ensuciaban.

De ese modo conoció a la señora, una mujer descendiente de reyes pero con la mirada triste. Se trataba de una mujer que sufría; la vio llorar en diversas ocasiones pero no se movió ni un centímetro. Ella era una esclava, una sombra que solo aparecía si se la solicitaba. Contempló las lágrimas de la señora bañar sus mejillas en las noches más oscuras; también se enteró del porqué de sus penas, pues la señora recibía a sus amigas más íntimas en sus habitaciones y allí les confiaba sus ilusiones rotas.

Su esposo, un gran soldado, no podría volver al palacio ni a ningún lado. Ya no los invitaban a fiestas ni convites; de hecho, su esposo rara vez asomaba el rostro fuera de la puerta. La enfermedad en su piel se hacía más obvia con el paso del tiempo e iba tornándose blancuzca, perdiendo toda sensibilidad. Semanas antes se había quemado un dedo y ni siquiera se había dado cuenta: perdió un trozo de carne sin pestañear, pues la enfermedad le quitaba toda sensación de peligro.

La vida de la familia se consumía a la par del cuerpo del marido. Y la esclava escuchaba detrás de la puerta. No, no debía compadecerse; ellos habían atacado a su familia. Observó cómo la señora de la casa ofrecía sacrificios a todos los dioses del panteón sirio, presenció las cuantiosas cantidades que gastaron en médicos y curanderos, pero no debía ceder. Ese general había comandado a los soldados que destruyeron su aldea, había entrenado al hombre que la raptó. Mil veces no. Ella no ayudaría.

Hasta que vio al general. Él entró a la habitación de su esposa. La mujer estiró el brazo y trató de rozarlo con las yemas de sus dedos, pero él retrocedió dos pasos con vergüenza. No quería contaminarla, no quería infectarla. Y ambos lloraron. La esclava fue testigo de ese amor impotente de quien quiere abrazar y no puede, de quien quiere amar y no debe.

Cuando él se marchó con la mirada gacha y la señora se tumbó sobre su diván, ella surgió de entre las sombras con el corazón palpitante. Tal vez la enviarían de vuelta al mercado de esclavos o quizás la matarían, pero algo más grande que su cordura la impulsó a hablar.

—Ojalá que mi amo fuera a ver al profeta de Samaria; él lo sanaría de su lepra.

La esposa del general la miró por primera vez, no como a un jarrón más de su habitación sino como a una persona.

—¿Qué dices?

—El profeta de Samaria es poderoso; sanó a unos profetas de un guisado venenoso, resucitó al hijo de una mujer en Sunem. Dos osos mataron a unos muchachos que osaron burlarse de él.

—¿Y por qué me cuentas todo esto? No soy hebrea, sino siria.

«Jehová dio, Jehová quitó», se repitió la esclava en su interior. *«Él mismo será mi salvación».*

—El profeta puede sanar a mi amo de su lepra.

La mujer sonrió.

El texto bíblico

Esta es la historia de una joven cuyo nombre no sabemos. He imaginado cómo pudo ser su vida, pero la Biblia solo nos dice en 2 Reyes 5 que *«El rey de Siria sentía mucha admiración por Naamán, comandante en jefe de su ejército, porque había conducido a sus soldados a muchas victorias gloriosas. Era un gran héroe, pero estaba leproso. Los sirios habían invadido a Israel en varias ocasiones y habían llevado muchos cautivos, entre los cuales había una niña que había sido dada como esclava a la esposa de Naamán. Un día la niña le dijo a su ama: "Me gustaría que mi amo fuera a ver al profeta que vive en Samaria. Estoy segura de que él lo puede sanar de la lepra"»* (vv. 1-3).

No sabemos cómo esta chica llegó a ser cautiva e ignoramos cómo era la relación de esta criada con su señora; lo cierto es que habló en el momento oportuno y ocurrió uno de los eventos más interesantes del Antiguo Testamento.

Naamán, el general, no echó en saco roto el consejo de esta chica. La Biblia nos cuenta que le contó al rey de Aram lo que ella había dicho y el rey le dio una carta de presentación para el rey de Israel. Naamán emprendió el viaje cargado de regalos para pagar al profeta por sus servicios.

Pero el rey de Israel casi se desmaya cuando leyó la carta. El rey de Aram le decía: «Quiero que sanes a mi siervo Naamán de su lepra». ¿Cómo podía sanarlo? El rey de Israel pensó que el rey de Aram solo buscaba una excusa para la guerra, pero el profeta Eliseo se enteró y le dijo que le enviara a Naamán, así los sirios sabrían que había un verdadero profeta en Israel.

Entonces Naamán visita a Eliseo y el profeta le manda un mensaje: «Ve y lávate siete veces en el río Jordán y serás sano». Pero Naamán se irrita. ¿Tanto viajar para que el profeta no lo atienda personalmente? Además, el río Jordán no era el mejor lugar turístico para remojarse.

> *«Yo pensaba que, por lo menos, el profeta saldría y me hablaría. Pensé que levantaría la mano sobre la lepra, invocaría el nombre del Señor su Dios, y me sanaría. Los ríos Abaná y Farfar, de Damasco, son mucho mejores que todos los ríos de Israel juntos. Si de ríos se trata, yo me lavaré en ellos y me libraré de mi lepra»* (vv. 11-12).

El general se marchó enfurecido, pero sus oficiales trataron de hacerlo entrar en razón y le dijeron: «*Si el profeta le hubiera pedido que hiciera algo extraordinario, ¿no lo habría hecho? Debiera obedecerle, pues lo único que le ha dicho es que vaya y se lave, para que quede sano*» (v. 13). Entonces Naamán bajó al río Jordán y se sumergió siete veces, tal como el hombre de Dios le había indicado. ¡Y su piel quedó tan sana como la de un niño!

Naamán buscó al profeta y dijo: «Ahora sé que no hay Dios en todo el mundo, sino en Israel. Te ruego que aceptes un regalo».

Pero Eliseo no lo aceptó. Aunque Naamán insistió en que aceptara el regalo, Eliseo se negó. Entonces Naamán le dijo: «*Bien… muy bien. Pero dame dos cargas de tierra para llevar conmigo, porque de ahora en adelante no volveré a ofrecer sacrificios ni holocaustos a otros dioses, sino al Señor. Claro que cuando mi amo, el rey, entre en el santuario del dios Rimón y se apoye sobre mi brazo, el Señor habrá de perdonarme que yo me incline también*» (vv. 17-18).

Eliseo lo mandó en paz, así que Naamán emprendió el regreso a su casa.

¿Cómo sería de diferente esta historia si esa chica no hubiera hablado?

Callar o hablar

Esta chica era cautiva. Obviamente no la pasaba bien, sin embargo decidió ayudar a un enemigo, decidió compartir una buena noticia. Si ella hubiera callado, quizás Naamán habría muerto lejos de Dios.

Hemos leído que Dios nos ama y nos entiende y hemos comprendido que Jesús quiere ser nuestro amigo. Podemos tomar la decisión de continuar con una vida normal y pasarla bien o, como esta muchacha, podemos hablar.

Pablo, el gran apóstol del Nuevo Testamento, comprendió que la vida era más que buscar fama personal o comodidad. Como fariseo, él pudo haber dedicado su vida a estudiar en privado las Escrituras, quizás podría haber regresado a Tarso y levantar el negocio de tiendas de la familia o tal vez —porque sabemos que era soltero cuando escribe la primera carta a los corintios— podría haberse casado y tenido una familia, pero dejó todos sus sueños a un lado y predicó el Evangelio. viajó incansablemente, habló poderosamente y escribió continuamente.

En Romanos 1 comprendemos un poco su corazón. Escribe, en palabras mías, algo así: «Queridos romanos, quiero tanto ir a verlos. Lo he intentado una y otra vez, pero por diversas circunstancias no he podido. Pero deseo compartir con ustedes la buena noticia de Dios. Cada persona que conozco —sea culta o inculta, educada o sin educación— profundiza más mi sentido de responsabilidad y obligación; en pocas palabras, tengo una deuda que pagar. Pues no me avergüenzo del Evangelio, este maravilloso plan de Dios por rescatar al pecador. Al contrario, he comprendido que el justo vive por fe, y necesito anunciarlo a todos».

¿Alguna vez has debido dinero? Aunque sea un poco, la carga de pagar lo que nos prestaron nos resulta a veces demasiado pesada, y entre más dinero debemos más pesa nuestra obligación. Ahora bien, todo lo que hemos venido diciendo en las otras páginas se obtiene por fe: por fe podemos aceptar la salvación de mano de Jesús, por fe abrimos la puerta y dejamos que Jesús entre a nuestras vidas para forjar una amistad.

Esta fe es gratuita, no cuesta nada y no trae engaños ni trampas con ella. Dios jamás dirá: «Bueno, ahora te quito mi regalo, ya no eres mi hija». Él no miente; eso va en contra de su esencia y su carácter. Cuando él ofrece algo de modo gratuito no se echa para atrás. La salvación no nos costó, no tuvimos que hacer nada para merecerla y nada de lo que hagamos nos la robará.

Pablo habla de esto en sus epístolas, repite vez tras vez que la salvación no es por obras o por nada de nuestra parte, y aquí en Romanos aclara que ya que ha recibido un regalo tan grande y tan maravilloso le resulta imposible quedarse callado.

Esto me recuerda otra historia de la Biblia que sucedió un poco después de la historia en que la criada de Naamán dio las buenas noticias. Siria volvió a atacar al pueblo de Israel y la ciudad de Samaria quedó sitiada, lo que implicaba que los habitantes no podían salir ya que corrían el peligro de morir pues un gran ejército acampaba a sus puertas.

Empezó a faltar la comida. El rey de Samaria paseaba cierto día por la muralla cuando unas mujeres pidieron que las ayudara. ¿Cuál era su problema?

Leamos:

> *«—¡Auxilio, señor mío, mi rey!*
>
> *—Si el Señor no te ayuda, ¿qué puedo hacer yo? —le contestó—. No tengo comida ni vino para darte. Pero, ¿de qué se trata?*
>
> *Ella respondió:*
>
> *—Esta mujer me propuso que nos comiéramos a mi hijo un día y el suyo al día siguiente. Cocinamos a mi hijo y nos lo comimos, pero al día siguiente, cuando yo le dije: "Ahora nos corresponde comernos a tu hijo" ella lo escondió» (2 Reyes 6:26-29).*

¿Te imaginas? ¡Estaban comiéndose unos a otros debido al hambre! El hambre era tal que se pagaban cinco piezas de plata por doscientos mililitros de estiércol de paloma. El rey rasgó sus vestiduras en señal de desesperación. Incluso pensó en matar a Eliseo, el profeta, y culpó a Dios de lo que ocurría. Mira lo que ocurrió:

> *«Eliseo le respondió:*
>
> *—El Señor dice que mañana, a esta hora, ocho kilos de harina fina y el doble de cebada serán vendidos en el mercado de Samaria por una sola moneda de plata.*

El oficial que servía de ayudante al rey le dijo:

—Eso no podría ocurrir ni aunque
el Señor hiciera ventanas en los cielos.

Pero Eliseo le respondió:

—Tú lo verás, pero no podrás comprar nada»
(2 Reyes 7:1-2).

Sucedió que a las puertas de la ciudad había cuatro hombres con lepra (sí, la misma lepra que tuvo Naamán). Estos hombres eran, en pocas palabras, cuatro desahuciados, no tenían nada que perder; si se quedaban en las puertas morirían de hambre y si regresaban a Samaria se morirían de hambre como el resto, así que decidieron entregarse al ejército sirio. Quizás los sirios los perdonarían, pero si los mataban, de todos modos iban a morir.

De ese modo, al ponerse el sol, salieron hacia el campamento pero ¡sorpresa! Al llegar se dieron cuenta de que no había nadie. ¡Nadie! Dios había hecho un milagro: el ejército sirio había escuchado el traqueteo de carros de guerra y el galope de caballos, los soldados supusieron que el rey de Israel había reunido un gran ejército para atacarlos y, llenos de pánico, huyeron en la oscuridad de la noche.

Así que ahí estaban los cuatro leprosos en un campamento aún armado, repleto de plata, oro, ropa, comida y bebida. ¿Qué hicieron? Comer, beber y esconder todo. Pero uno de ellos reaccionó: «*No es correcto lo que estamos haciendo. Esta es una noticia maravillosa, y debemos darla a conocer. Si esperamos hasta la mañana, nos puede ocurrir alguna desgracia. Vamos, regresemos y avisemos a la gente del palacio*» (2 Reyes 7:9).

Los porteros escucharon la noticia y la transmitieron al palacio. El rey se levantó a mitad de la noche y envió gente a investigar, y cuando descubrieron que todo era verdad, la gente de Samaria salió y saqueó el campamento. Así la palabra del Señor se cumplió y hubo comida. Aquel funcionario que se burló de las palabras de Eliseo murió en la puerta pues la multitud lo atropelló y pisoteó. De los leprosos no sabemos más, pero aprendemos importantes lecciones.

En la guerra y en la paz

En cierto modo, todos somos leprosos. En la Biblia se usa la lepra como figura del pecado. Todas hemos nacido en pecado y hemos decidido pecar, y sin embargo algunas personas hemos encontrado un botín, un banquete, una salida a nuestra condición. Si has conocido a Jesús formas parte de este grupo de leprosos que ahora contamos con una buena noticia.

La pregunta es: ¿la transmitiremos?

Me llama la atención que en ambas historias las circunstancias de los personajes eran trágicas: en la primera, la chica esclava había perdido todo y vivía con el enemigo, y en la segunda los leprosos ya no tenían razones para vivir, iban caminando con una sentencia de muerte en la frente.

Ignoro tus circunstancias, pero quizás tu país está pasando por tiempos difíciles. No sé quién es el enemigo: cárteles de drogas, un gobierno represivo o fanáticos religiosos; aun así, tú cuentas con una buena noticia. Alguien te necesita. Las manos de Naamán estaban teñidas por la sangre de los compatriotas de esa chica esclava, y aun así ella le compartió la buena noticia de que Eliseo podía curarlo pues Dios actuaba a través de él. Los leprosos habían sido desechados por el pueblo de Samaria, pero volvieron para dar vida a aquellos que ni siquiera pensaban en ese grupo de enfermos.

Sin importar el momento difícil que atravieses, si tú has conocido a Jesús estás en deuda —por así decirlo— con el mundo, y eso incluye a tus enemigos. Debes compartir con otros que hay libertad en Jesús. Los leprosos supieron que poco importaba un banquete que ellos a final de cuentas no podían consumir por sí mismos; ellos hablaron, y hubo vida.

Pero tal vez en tu país no hay guerras, y tus enemigos (si acaso tienes) se resumen en algunos chicos del colegio que no te simpatizan o algunos profesores que se comportan con cierta rigidez en clases. Aun así, alguien te necesita.

Este hombre salió temprano de su casa y comenzó un viaje de negocios, pero en el camino se topó con unos bandidos; no solo le quitaron todo sino que lo dejaron medio muerto. Entonces pasó un líder religioso, pero no quiso contaminarse y siguió de largo; pasó otro erudito religioso, pero tampoco lo ayudó. De repente apareció un samaritano, un hombre que se consideraba poca cosa en la sociedad de ese entonces, y ayudó a ese hombre desvalido, curó sus heridas y lo llevó a una posada, pagó por su estancia y se marchó. No sabemos su nombre, pero todos conocemos esta parábola que aparece en Lucas. Alguien necesitaba al samaritano, y él estuvo dispuesto a tender una mano.

Muy ocupada

Comprendo que estás muy ocupada como para detenerte en el tráfico, tal vez no sabes primeros auxilios o no te imaginas qué puedes hacer para ayudar a otros, pero antes de hablar del *cómo* analicemos el *por qué*, el por qué nos cuesta tanto pensar en los demás, el por qué preferimos callar, el por qué estamos más cómodas en nuestros asientos de iglesia que haciendo otras cosas. Se llama *egoísmo*.

Estamos demasiado ocupadas en nosotras mismas; por naturaleza, el ser humano se ama a sí mismo. Cuidamos de nuestra apariencia y celamos nuestra reputación, pensamos más en nosotras que en ninguna otra persona (aun cuando decimos estar enamoradas) y de hecho muchas veces en las relaciones personales ocultamente estamos en busca de beneficios propios.

La adolescencia es un tiempo de mucha introspección. Surgen preguntas como: ¿quién soy? ¿Qué hago aquí? ¿Adónde voy? Pasamos horas meditando sobre nuestros sentimientos, nuestros anhelos y nuestros problemas y estamos más preocupadas en nuestra agenda personal que en la de la familia o la comunidad.

Pero la historia de esta chica hebrea nos hace recapacitar en que encontraremos verdadero valor en ayudar a los demás. A este sentimiento se lo llama *compasión*. Dios bendice a los misericordiosos; Dios mismo es misericordioso. Dios piensa en los demás, y por eso nos creó y nos da vida a través de Jesús.

De hecho, la compasión es una señal de madurez. Precisamente en 1 Corintios 13 —el llamado «capítulo del amor»— Pablo dice en el versículo 11: *«Cuando yo era niño, hablaba, pensaba y razonaba como niño; pero cuando alcancé madurez en la vida, dejé a un lado las cosas de niño».*

El egoísmo es una característica infantil. Encontré estas reglas de propiedad en la mente de un niño de tres años:

1- Si me gusta, es mío.

2- Si está en mi mano, es mío.

3- Si puedo arrebatártelo, es mío.

4- Si hace un rato lo tuve, es mío.

5- Si es mío, no debe parecer tuyo.

6- Si estoy construyendo algo, todas las piezas son mías.

7- Si se parece al mío, es mío.

8- Si lo vi primero, es mío.

9- Si estás jugando pero lo dejas un minuto, es mío.

10- Si está roto, te lo presto.

Me robó una sonrisa pensar en estas reglas, pero en realidad seguimos pensando así a pesar de nuestra edad. Queremos que todo sea «mío», no nos gusta prestar; estamos dispuestas a ceder solo si algo ya no sirve. Yo podría haber escrito reglas similares cuando cruzaba la adolescencia y mis hermanas y yo discutíamos sobre la ropa:

1- Si me gusta, es mío.

2- Si me cabe, es mío.

3- Si hoy me combina, es mío.

4- Si ya no me queda, te lo presto.

5- Si pasó de moda, te lo presto.

En otras áreas de la vida nos comportamos con el mismo egoísmo, pero es hora de cambiar. Como Pablo mencionó, debemos dejar a un lado las cosas de niños y entrar al mundo adulto, y ya que menciona esto en el capítulo del amor, podemos concluir que el amor es una señal de madurez.

El amor es una señal de madurez.

¿Y cómo es el amor?

Lo mismo me pregunto yo, pero la Biblia es muy clara en su definición. Piensa en un día cualquiera y podrás ver al amor en acción.

El amor es paciente. ¿Explotas cuando los demás no se apuran? ¿Exiges que todo se haga de inmediato?

El amor es bondadoso. ¿Eres amable con los desconocidos, con los ancianos, con los niños?

El amor no es celoso. ¿Compartes el amor de tus amigos con otros o quieres que tus amigas solo pasen tiempo contigo?

El amor no es fanfarrón. ¿Presumes lo que no tienes?

El amor no es orgulloso. ¿Te crees superior a los demás?

El amor no es ofensivo. ¿Hablas con gentileza o usas palabras altisonantes y groseras?

El amor no exige que las cosas se hagan a su manera. ¿Cedes de vez en cuando en busca de la paz familiar?

El amor no se irrita. ¿Te consideran enojona o gruñona?

El amor no lleva un registro de las ofensas recibidas (ni siquiera en su diario personal).

El amor no se alegra de la injusticia. ¿Qué haces cuando eres testigo de bullying? ¿Te ofendes si otros maltratan a los demás o participas con ellos de esas malas actitudes?

En pocas palabras, el amor hace que salgamos de nuestra burbuja protectora y pensemos en los demás.

El amor nunca se da por vencido, jamás pierde la fe, siempre tiene esperanzas y se mantiene firme en toda circunstancia. En pocas palabras, el amor hace que salgamos de nuestra burbuja protectora y pensemos en los demás. Eso hizo la criada de Naamán.

Ideas prácticas

Tal vez por tu mente están pasando un sinfín de pretextos por los que no puedes ser como la criada de Naamán, pero pensemos en ideas prácticas.

En primer lugar, la criada no sanó a Naamán, solo señaló a quien podía hacerlo. De eso se trata el amor: hoy alguien necesita de ti, pero en realidad tú no puedes hacer nada por los demás salvo apuntar al camino de la vida eterna, es decir, llevarlos a Jesús. Eso hizo Andrés, el hermano de Pedro: cuando conoció a Jesús no corrió hacia Pedro para repetirle todo lo que había oído sino que tomó de la mano a su impulsivo hermano y le presentó al Mesías.

Lo mismo podemos hacer nosotras, solo se trata de presentarle a otros a nuestro amigo Jesús. ¿Cómo hacerlo? Pensemos en algunas ideas.

Con tu boca. Habla a otros de Jesús, así de simple. Cuenta a otros lo que Jesús ha hecho contigo. Cuando alguna amiga o compañera de la escuela te cuente sus problemas no trates de resolverlos, más bien llévala a reflexionar en que Dios puede auxiliarla, en que Jesús puede escucharla.

Con tus pies. Lleva a otros contigo a lugares donde puedan escuchar de Jesús, invita a tus amigos a la iglesia, a la casa de alguien que ame a Jesús, a conferencias, a campamentos; acompaña a otros de la iglesia cuando vayan a cárceles u hospitales para predicar el Evangelio. Quizás no seas diestra para hablar, pero tu presencia puede hacer mucho para ayudar a otros.

Con tus manos. Reparte literatura cristiana. regala folletos, libros y tratados que hablen de Jesús, hornea galletas y regálalas acompañadas de algún versículo bíblico. Si te gustan las manualidades teje, cose, crea objetos que vayan con pensamientos que hagan que otros mediten en Jesús.

Con tus oídos. Escucha a los demás; prestar atención a las preocupaciones de los demás puede hacerlos relajarse y sentirse queridos. En el momento oportuno podrás compartir de Jesús porque te has ganado el derecho de ser escuchada.

Ofrenda, da, regala, escribe, canta, toca un instrumento; lo importante es hacerlo todo para gloria de Dios, y cuando hacemos las cosas para él su sello va en todo lo que hacemos, decimos y somos, y la gente así puede conocer a Jesús.

# Alguien te necesita

Resulta impresionante cuántos leprosos hay en este mundo. Todos estamos infectados de pecado y necesitamos de Jesús, y tú puedes hacer la diferencia en la vida de alguien solo porque has obedecido a Jesús y decides no callar.

Quisiera terminar con otra historia.

Conocí a Perla en una conferencia; era una mujer muy guapa que vestía con elegancia y caminaba con porte, hablaba con suavidad y —si te soy sincera— se me figuraba a una reina africana, ya que era de piel oscura. Además de su apariencia era una mujer talentosa, poeta de profesión y escritora por pasión. En realidad me dejó impresionada desde que la vi.

Pero una tarde que nos sentamos a conversar me contó su historia. Perla supo desde joven que tenía talento con la pluma; no solo las palabras fluían de su lapicero sino que componía versos en su mente. Sabía que lo hacía bien no solo porque sus profesores llegaron a alabar sus trabajos sino porque podía comparar sus escritos con otros y la calidad de los suyos saltaba a la vista.

Sin embargo, ya fuera por vergüenza o falsa humildad, Perla decidió esconder todo lo que escribía. Compró una caja de cartón y empezó a guardar allí papeles y más papeles repletos de historias, poemas y pensamientos; cuando estaba triste, contemplaba la caja que anidaba en su armario y algo en ella se alegraba. En pocas palabras, se sentía bien al reconocer su talento, aun cuando nadie más lo hiciera.

Así pasaron los años, hasta que un día se mudó de casa. En el proceso, bajó la caja de cartón y la abrió; con ansias esperaba volver a leer sus creaciones, cuando descubrió la tragedia: la polilla había acabado con todo. De sus poemas solo quedaba el recuerdo; ni una historia sobrevivió. Perla, obviamente, se puso a llorar. Lloró y lloró hasta que las lágrimas se terminaron, y entonces a su mente vino una parábola que contó Jesús.

En esta historia Jesús comparó su reino con un hombre que tenía que emprender un largo viaje, así que reunió a sus siervos y les confió su dinero. Lo dividió según las capacidades de cada uno: quien había recibido más había invertido el dinero y ganado los intereses, pero el que solo había recibido una bolsa de plata cavó un hoyo en la tierra y escondió el dinero de su amo, quien a su regreso pidió que le rindieran cuentas.

El amo elogió a aquel que supo administrar lo que le había confiado, pero se enfadó con el que no hizo nada con su dinero, así que ordenó: «*Quítenle ese dinero y dénselo al que tiene los cien mil pesos, porque el que sabe usar bien lo que recibe, recibirá más y tendrá abundancia; pero al que es infiel se le quitará aun lo poco que tiene*» (Mateo 25:28-29).

Al igual que Perla, tú tienes algo que ofrecer al mundo; quizás has ocultado un talento como cantar o pintar, escribir o recitar, o tal vez simplemente «no haces nada», como pasó con el hombre que no invirtió el dinero de su amo. Decide hoy ser como la sierva de Naamán, comparte y saca tu talento de la caja. La polilla puede destruir tus sueños de adolescencia: ¡no lo permitas!. Alguien te necesita, y siempre te necesitará. La pregunta es: ¿estarás allí para guiarlo por el camino correcto?

Amy
Carmichael

La mayoría de los héroes son desconocidos y no están conscientes de su propia importancia. Entre ellos está una mujer que hoy podemos admirar pero que jamás imaginó lo que representaría para cientos de niños. ¿Sabes qué hizo durante la mayor parte de su vida? Tender la mano a quien la necesitara.

Amy Carmichael nació en 1867 en Irlanda del Norte. De pequeña se la podía ver por la campiña montando su pony; en cierta ocasión sufrió una fuerte caída, pero ¿qué hizo? Volver a cabalgar. ¡Y así sería toda su vida! Mostraría tenacidad y perseverancia en todo momento.

Como la mayor de siete hijos guio a sus hermanos menores en hazañas de peligro, como caminar por el techo, sin embargo también fue un ejemplo para ellos. Uno de los episodios más reconocidos de su infancia gira alrededor de sus ojos: Amy tenía los ojos marrones, pero su color favorito era el azul. A los 3 años de edad aprendió que Dios escucha y contesta la oración, así que decidió intentarlo; antes de dormir, pidió que a la mañana siguiente sus ojos fueran del mismo color que los de su madre. Cuando despertó, se observó en el espejo y se llevó una fuerte desilusión: sus ojos continuaban de color marrón. ¿Acaso Dios no había respondido? Entonces sintió que alguien le decía: «*¿Acaso no es "no" también una respuesta?*».

Sus ojos marrones, precisamente, le abrirían las puertas en el futuro para rescatar niños.

🌼 Internado

Al cumplir los 12 años Amy ingresó a un internado en Yorkshire; echaba de menos su casa y a su familia y escribió que se sentía como un ave encerrada. Aunque no solía meterse en problemas hacía ocasionales travesuras: por ejemplo, un día ella y sus compañeras deseaban despertar a medianoche para ver el paso de un cometa, y si bien la directora se negó aun así Amy y las niñas subieron al techo, ¡y qué grande fue su sorpresa cuando se toparon con la directora y otras maestras! Amy agradecería después no haber sido expulsada del colegio.

Los tres años en el internado se hubieran considerado áridos si no hubiera sido por una de las más importantes experiencias de su vida. Al estar finalizando su tiempo en Marlborough, durante una de las clases bíblicas que organizaba una misión para niños, el encargado les pidió que entonaran el famoso himno «Cristo me ama», y en esos momentos de música y quietud Amy comprendió algo que antes no había entendido del todo. A sus 15 años, reflexionó que, si bien sabía de Jesús y de su amor, no le había abierto la puerta, no había recibido su amor, así que en ese momento Amy decidió seguir a Jesús y que él fuera el centro de su vida.

¡Su vida daría un giro de ciento ochenta grados!

🌼 Cambios

Los cambios económicos del país hicieron que los Carmichael se mudaran a Belfast, donde el padre y los tíos de Amy abrieron un nuevo molino. Las dificultades con el dinero llevaron a Amy y a sus hermanos de vuelta a casa ya que no era posible pagar los internados. Ella estudió música, canto y pintura y también visitó Londres con su padre, lo que sería para ella un regalo.

Un poco antes de cumplir Amy 18 años, su padre recibió una terrible noticia: le había prestado una fuerte suma de dinero a un amigo endeudado pero no había recibido el pago de vuelta. Poco después contrajo neumonía y murió el 12 de abril de 1885 con solo cincuenta y cuatro años.

La muerte de David seguramente sacudió a la familia, y más a la madre de Amy quien se quedó a cargo del clan. Sin embargo, encontró consuelo en la promesa de Nahúm 1:7 que dice: «*Pero el Señor es bueno. Cuando llegan la angustia y la desesperación él es el mejor refugio. Protege a todos los que en él ponen su confianza; él conoce bien a los que le son fieles*».

¿Y qué hizo Amy? ¿Cómo reaccionan los adolescentes de hoy ante problemas o situaciones complicadas? Amy decidió ayudar a su mamá y ser una segunda madre para sus hermanos. Sus hermanos más tarde dirían que el entusiasmo de Amy los ayudó a salir adelante.

Si bien sus biógrafos señalan que las chicas de 17 años en ese entonces se preocupaban por lo mismo que hoy, es decir, por su apariencia y su vida social, en cada generación hay quien elige un camino distinto, y Amy fue una de ellas.

🌿 El momento

La transformación de Amy se dio un mañana de domingo en Belfast cuando ella y dos de sus hermanos volvían de la iglesia. Al ir caminando, se toparon con una mujer anciana que arrastraba una pesada carga; Amy y sus hermanos se detuvieron, levantaron el bulto y sostuvieron a la mujer de los brazos. Esto implicó que anduvieran contra la corriente de la gente respetable de Belfast, que también paseaba por allí ese domingo por la mañana.

Pero mientras sus hermanos solo ayudaban, Amy pensaba en cientos de cosas más: allí estaban ellos tres, ayudando a esa mujer y odiando cada minuto que pasaban en esa situación. Amy se sentía roja de la vergüenza. El viento se movía a su alrededor y ella quería que la levantara y se la llevara. Entonces pasaron junto a una fuente, y las palabras de la Escritura atravesaron su mente:

> *«Hay varias clases de materiales que pueden emplearse al construir sobre el cimiento: oro, plata y piedras preciosas; o bien, madera, heno y hasta hojarasca. El día del juicio se sabrá qué material han empleado los constructores. Cada obra será pasada por fuego, para que se sepa la calidad del trabajo de cada uno. Si lo que alguien ha edificado es perdurable, recibirá su recompensa. Pero si a su obra el fuego la consume, el constructor sufrirá una gran pérdida»* (1 Corintios 3:12-15).

Amy regresó a su casa con un asunto pendiente que en la soledad de su cuarto arregló con Dios. Ella siempre vería esta escena como un incidente que alteró el rumbo de su vida. ¿En qué sentido? Amy decidió que en su vida solo las cosas eternas importarían. ¿Y nosotros? ¿Hemos tenido un momento como el de Amy en que hemos sabido que algo trascendental ha ocurrido? ¿Usamos oro y plata o heno y madera para construir nuestras vidas?

> Amy decidió que en su vida solo las cosas eternas importarían.

 ## La conferencia

Un evento más solidificaría la misión de vida de Amy: en septiembre de 1886, un año después de la muerte de su padre, Amy asistió a una importante convención en Glasgow, inspirada en las reuniones de Keswick que aún se celebran cada año en Inglaterra.

Amy olvidaría muchas de las predicaciones de esos días; de hecho, después de escuchar varias de las conferencias, se sentía vacía hasta de la última oración que se grabó en su corazón. El presidente de la junta que cerraba la reunión y oraba a Dios dijo: «Señor, sabemos que tú nos puedes guardar sin caída». El hombre estaba citando Judas 24, que en otras versiones dice que el Señor puede evitar que caigamos.

Al salir de la reunión, Amy fue a comer con una amiga. Ordenó chuletas de cordero que estaban mal cocidas, entonces Amy pensó: «¿Chuletas de cordero? ¿Qué importan unas chuletas? ¡El Señor nos puede guardar sin caída!».

Si las chuletas no eran importantes, tampoco lo era la ropa. Las prioridades de Amy habían cambiado drásticamente.

 ## Trabajo

Para Amy este fue el inicio de algo nuevo. Comenzó reuniendo en su hogar a los niños de su barrio para darles clases bíblicas e inició un programa matutino para animar a niños y niñas a pasar tiempo leyendo la Biblia y orando; también les entregaba tarjetas decoradas que debían firmar si llevaban a cabo su tiempo devocional y cuando se reunían los sábados compartían sus victorias o fracasos.

Amy también comenzó una reunión de oración para estudiantes. Al principio las reuniones se efectuaron en casas, pero cuando más personas se unieron las realizaron en la escuela. Así comenzó a ver su ciudad, Belfast, con nuevos ojos: empezó a detectar la pobreza y la maldad, lo que la llevó a enseñar en una clase nocturna para niños.

Belfast estaba experimentando un cambio; debido a la guerra civil en los Estados Unidos el algodón escaseó, así que la demanda por el lino (uno de sus sustitutos) creció y las fábricas emplearon a miles de mujeres a quienes apodaron *«shawlies»*, ya que al no tener dinero para un sombrero se cubrían la cabeza con un chal.

Ellas se ganaron un lugar especial en el corazón de Amy. En su iglesia le dieron permiso para organizar una reunión especial para «las chicas del chal» cada domingo; tristemente, estas mujeres de clase distinta incomodaban a los miembros de la iglesia que se creían más respetables. Afortunadamente, Amy no se dejó intimidar y continuó sus reuniones hasta que fueron tantas mujeres que se mudó a un lugar donde cabían quinientas personas.

¿Cómo consiguió el lugar? Acudió a Dios en oración para pedir su ayuda, y Kate Mitchell decidió dar el dinero en memoria de una amiga recién fallecida. El día de la inauguración Amy se sentó en medio del salón como parte de la congregación. Sobre la plataforma estaba escrito el pasaje de Colosenses 1:18 donde dice que en todo Cristo debe tener la preeminencia, es decir, el primer lugar.

De ese modo, las semanas de Amy bullían de actividad: el domingo había una clase bíblica, el miércoles una reunión para niñas y el jueves un club de costura y una reunión para mamás. Quisiera hacer un paréntesis para decir que este lugar de reunión continúa y tiene sus puertas abiertas para todos: lo que Amy comenzó aún sigue en pie.

 El periódico

¿Cómo se entretenían ocho niños en una era sin Internet? Ciertamente Amy y sus hermanos disfrutaban al aire libre y jugaban, corrían y saltaban cerca del mar donde se ubicaba su hogar en sus primeros años; sin embargo, cuando volvieron todos a casa durante la crisis económica, descubrieron otro pasatiempo y crearon un periódico.

Allí Amy comenzó otra de las habilidades que ayudarían a que su historia se conociera en el mundo: ella escribía poesía y pequeñas historias para el diario familiar, y a través de ellas también sabemos un poco de sus sueños, deseos y experiencias. Escribió sobre las chicas del chal y los sucesos diarios. También se puso un seudónimo: ella era *Nadie.*

Esto me recuerda que los pasatiempos de la juventud bien podrían ser el inicio de nuestras carreras del futuro: yo solía escribir mi diario en la adolescencia y a los 16 comencé a escribir cuentos. ¡Quién diría que todo me prepararía para lo que hoy hago!

¿Qué es eso que, como a Amy, te apasiona y te hace sentirte viva? No esperes a mañana para empezar a hacerlo hoy. Compón cantos, escribe historias, experimenta en la cocina, da clases en tu barrio, diseña ropa, aprende idiomas, practica un deporte. Estoy convencida de que Dios puede usar nuestros sueños para cambiar a este mundo.

 ## La puerta

Era 1889. Amy tenía 21 años y ya no era una adolescente. El dinero de su padre se había terminado pero sus hijos se habían vuelto autosuficientes: dos hermanos de Amy se fueron a Estados Unidos, uno a Canadá y otro más a Sudáfrica.

Amy conoció entonces a Robert Wilson quien la invitó a vivir con su familia y pronto se sintió llamada a las misiones, calificando para una agencia que enviaba personas a China. Sin embargo, Amy no fue a China por cuestiones de salud así que viajó a Japón, que sería la puerta para el trabajo al que dedicaría el resto de su vida. Tenía 24 años.

En Japón, Amy decidió vestir kimonos para identificarse con las mujeres de esa cultura y aprendió el idioma; hizo muchos amigos en Japón pero en especial se encariñó con la familia Buxton, y al mirar a la pareja y a sus hijos se preguntó si debía casarse. Un esposo e hijos, ciertamente, harían la vida menos solitaria.

La idea de envejecer y quedarse sola no la tranquilizaba; al contrario, pensaba en sus hermanos que ya se habían casado y formado sus familias. ¿Por qué no ella? Tristemente, no encontraba paz interior al meditar en el asunto, por lo que decidió acudir a una cueva cerca de la ciudad de Arima para orar. Luego de varias horas de oración, la voz de Dios vino a llenarla de paz y con claridad llegó la siguiente frase a su mente: «*Ninguno que confía en mí estará solo*».

Salió de allí con un propósito renovado. Desafortunadamente el clima en Japón afectó su salud, por lo que después de considerar opciones y orar regresó a Inglaterra y luego viajó a India, donde serviría durante cuarenta y cinco años.

En casa

Amy había llegado a su hogar. India era un país con mucha idolatría. Aprendió el idioma y compartió las buenas nuevas con los nativos, decidió adoptar una vestimenta sencilla como la del resto y predicó sobre Cristo.

La mayoría de los hindúes se resistieron a sus esfuerzos, pero Amy conoció a mujeres indias que habían sido perseguidas por haberse convertido del hinduismo al cristianismo y juntas decidieron viajar y predicar el Evangelio. Su grupo se hizo llamar «el racimo de estrellas»: estas mujeres —con el esposo de una ellas— viajaban en una carreta de ciudad en ciudad compartiendo sobre Jesús. El grupo causó revuelo no solo por el mensaje que compartían sino también por decisiones tajantes, como dejar a un lado sus joyas para mostrar una vida de sencillez.

Entonces apareció en la vida de Amy una niña llamada Arulai. La pequeña se escapaba para escuchar las historias bíblicas de Amy y su grupo, y cuando creyó en Jesús, se alborotó la ciudad de tal manera que sus padres le prohibieron ver a Amy otra vez.

Después de ocho meses, Arulai escapó de su casa y se fue con Amy. La niña estaba muy enferma y decaída y no podía hablar. Cuando su papá llegó para regresarla a su casa, no pudo hacerlo de tan debilitada que estaba. Por muchos días la visitó, pero cuando vio con cuánto amor Amy la cuidaba permitió que se quedara con la misionera para siempre.

Otra jovencita hindú decidió seguir a Cristo y también huyó a casa de Amy una noche, y así comenzaron a llegar las niñas al refugio que ofrecían los misioneros. Amy comprendió que alguien la necesitaba.

¿Justicia social?

Hoy en día escuchamos mucho sobre temas de justicia social. ¿Qué es la justicia social? Es el reconocimiento, defensa y protección de los derechos y deberes de los ciudadanos de una nación sin importar su edad, raza o condición; en otras palabras, la justicia social condena el racismo y la discriminación, defiende a los más pobres y a los que no tienen voz.

En la actualidad muchos declaran y señalan a los cristianos diciendo que nuestras creencias no van de la mano con los problemas sociales que abundan, y sin embargo muchos de los grandes movimientos sociales han comenzado en el corazón y la mente de los hijos de Dios. Como ejemplo podemos señalar que la abolición de la esclavitud fue procurada por un hombre creyente como William Wilberforce; en Estados Unidos fue Harriet Beecher Stowe quien escribió una novela condenando la esclavitud y otra mujer creyente, Elizabeth Fry, promovió la mejora de las prisiones. Amy, por su parte, cumplió con una importante labor a favor de los niños.

En los templos hindúes los sacerdotes guardaban niñas y las trataban como esclavas, y muchas de ellas eran vendidas por sus padres para que tuvieran por lo menos un poco de pan. Cuando crecían, se convertían en sacerdotisas de las diosas y eran forzadas a la prostitución.

Preena fue vendida por su propia madre a uno de estos templos, tenía solo 5 años y sufría mucho en ese lugar lúgubre y deprimente. Trató de escapar varias veces pero solo consiguió que la castigaran aún más. Dos años después escuchó sobre una misionera que amaba a los niños; aunque la apodaban «la ladrona de niños», Preena creía que estaría mejor con la extranjera que en un matrimonio religioso. Por la noche, encontró la puerta sin candado y huyó del templo, y cuando una mujer cristiana la guio hasta donde Amy estaba, Preena se subió sobre su regazo y la abrazó. Preena estaba en casa.

Amy no pensaba tolerar este tráfico de niños en nombre de la religión, por lo que comenzó a rescatar a más niños de los templos, ya que también ahí terminaban muchos pequeños que tenían algún tipo de discapacidad física o mental.

¿Dónde llevarlos?

Amy necesitaba un refugio y así fundó un hogar llamado Dohnavur, que no solo se convirtió en una especie de orfanato sino también en un hospital. Amy oró fervientemente para que Dios proveyera el dinero y los medicamentos para este sueño, y el Señor la escuchó.

Enfrentó gran oposición para estos dos sueños ya que muchas familias se enfadaron cuando veían a sus hijos salir de los templos, e incluso algunos extranjeros criticaron los métodos de Amy. Sin embargo, la historia hoy reconoce que las labores intensas de Amy condujeron a que, eventualmente, la ley en India cambiara y protegiera a los niños de estos abusos.

Los últimos veinte años

Amy amó a todos sus niños y los cuidó tal como lo había prometido a temprana edad; los chicos le decían «Amma» o «mamá». Había comprendido que Dios no dejaba solos a sus seguidores y, si bien renunció a una familia tradicional, tuvo más hijos que los que hubiera imaginado.

Amy andaba en sus sesentas cuando tuvo un accidente y se rompió una pierna y tobillo, por lo que a los siguientes veinte años los viviría postrada como una inválida. ¿Cómo podría una mujer tan activa soportar la pasividad del reposo total? Uno pensaría que se deprimiría o que ya no habría mucho más que hacer, pero Dios tenía otros planes.

¿Recuerdas cómo Amy organizó un periódico con sus hermanos? Dios usó sus talentos para escribir y en esos veinte años en cama escribió un total de treinta y siete libros y muchos poemas que hablan de su relación con Dios y de su vida en India. Amy murió en 1951 a la edad de 83 años.

Hasta el día de hoy

El legado de Amy aún puede palparse en India, donde la comunidad de Donhavur continúa cuidando de niños que han sido rescatados del peligro, y en Belfast, donde hoy existe una iglesia que se ubica donde Amy comenzó a reunir a las chicas del chal.

Si observas con atención su vida te darás cuenta de un patrón: Amy no comenzó su misión de ayuda a sus cuarenta y tantos años. Desde que conoció a Jesús en la adolescencia dio los primeros pasos para ayudar a los que la rodeaban; le tendió la mano a su propia familia y cuidó de sus hermanos cuando su padre murió, ayudó a niños de escasos recursos y a las chicas que trabajaban en las fábricas. Amy comprendió que alguien la necesitaba y estuvo dispuesta a servir a los demás.

Podemos aprender mucho de Amy Carmichael, pero este extracto de uno de sus poemas resume lo que ella creyó y vivió. Meditemos en este hermoso poema.

> *Si a mi lado puede haber almas sufriendo y yo difícilmente lo noto, porque el espíritu de discernimiento no está en mí, entonces no conozco nada del amor del Calvario.*

> *Si me reservo algo en mi entrega a aquel que tuvo tanto amor que dio a quien más amaba por mí; si en mi oración existe algún «pero» secreto, o un «cualquier cosa menos eso, Señor», entonces no conozco nada del amor del Calvario.*

> *Si me niego a ser un grano de trigo que cae en la tierra y muere, o sea que «es separado de todo aquello en lo que vivía antes», entonces no conozco nada del amor del Calvario.*

Si no pueden pedir de mí lo máximo, mi mayor esfuerzo, si mis compañeros vacilan en pedírmelo y acuden a otros, entonces no conozco nada del amor del Calvario.

Si ambiciono algún lugar en la tierra distinto al suelo polvoriento en la base de la cruz, entonces no conozco nada del amor del Calvario.

Aquello que no conozco, ¡enséñamelo, oh Señor, mi Dios!

Capítulo 4
Alguien te espera

Desde que la conocí pensé que era una chica «cool»; atractiva, simpática y artista, ¿qué más podía pedir? Hablaba tres idiomas y tenía unos padres reconocidos por sus obras altruistas. Después de dos años conoció a un chico especial; recuerdo platicar con ella antes de que el príncipe azul llegara a visitarla a la ciudad donde vivíamos.

—¿Estás nerviosa? —le pregunté.

—Bastante. Me pregunto si seré lo suficientemente buena para él.

Tragué saliva, aunque quería gritar: «Si él no piensa que eres un buen partido, ¡no vale la pena!». Sin embargo, descubrí que ella lo decía de corazón, y al pensar en mi propia vida tuve que aceptar que muchas veces he sentido lo mismo: no me siento suficientemente bonita, inteligente, talentosa o divertida.

Durante muchos años fui soltera. Conocí a mi hoy esposo a los 33 años, así que sé de lo que hablo cuando te cuento que muchas noches lloré en mi cama y pensé que jamás encontraría al hombre de mi vida porque «yo» no estaba a la altura. ¿A la altura de quién o de qué? No lo sé, pero al compararme con otras amigas, compañeras o desconocidas siempre me sentía menos. Las otras eran más bonitas, más educadas, más capaces, y yo siempre ocupaba el último lugar.

Tardé mucho en entender que todas estas eran mentiras que el enemigo susurraba a mi mente. No hay nada más sencillo para el enemigo que convencernos de que no valemos la pena pero Dios, por su parte, dice todo lo contrario: para él somos amadas, valiosas y especiales.

Quizás te preguntes qué tiene que ver Dios con todo esto de tener un novio. ¡Mucho! ¡Todo! Lo que pensamos del amor se extiende a todas las áreas de nuestra vida, familia, amistad y noviazgo: si pensamos que no somos suficientemente buenas para un novio, lo mismo pensamos sobre el área espiritual. *«Cuando sea mejor estudiante, buscaré a Dios. ¿Cómo puede aceptar Dios a alguien como yo, sin educación?»*. Estas mentiras nos hunden y nos hacen desconectarnos del mundo.

Hace poco leí la historia de una chica que se quitó la vida. Sus familiares y amigos quedaron devastados, pero sobre todo pasmados; ella era una chica bonita, divertida e inteligente, pero cuando encontraron su diario, sus padres lloraron. Ella pensaba que no daba la talla, se sentía un fracaso.

Antes de seguir, recuerda esto: Dios nos acepta tal como somos, no nos pide nada para recibirnos. Siempre habrá cosas que podemos mejorar, pero no son el requisito para recibir su amor.

Del mismo modo, recuerda esto cuando pienses en las campanas de boda: así como tú debes aceptar al otro tal como es, él también tendrá que aceptarte tal como eres. Sí, ambos madurarán, crecerán y se ayudarán a mejorar pero no deben ser perfectos para empezar una vida juntos. ¿Y de dónde surgen todas estas mentiras y sentimientos de inferioridad?

Uno de nuestros grandes problemas son los cuentos de hadas. ¿No lo crees?

Cuentos de hadas

Si quieres escribir un cuento de hadas es muy sencillo, solo debes pensar en un personaje principal que sea bueno y amable (de preferencia atractivo), luego añadir un personaje antagónico (el villano de la historia que desea hacer miserable la existencia del protagonista) y después un objeto mágico: unas zapatillas de cristal, un pozo de deseos, un hada madrina o una espada mágica. Finalmente, no lo olvides, un final feliz. Y recuerda: la protagonista debe casarse y ser «feliz para siempre».

No sé si los cuentos de hadas te han influenciado e ignoro si la «fiebre de princesas» te ha tocado, lo cierto es que todas hemos escuchado algún cuento de hadas que nos hace creer que de eso se trata la vida: «encuentra al príncipe azul y serás feliz para siempre».

En el fondo, el cuento de hadas luce más prometedor que la vida real, la cual nos dice que la boda no es el final sino parte del recorrido, y una mirada a las parejas que nos rodean nos dice que no hay solo rosas en el matrimonio sino también espinas.

Los cuentos de hadas tienen su lugar en un rincón de nuestra imaginación pero no son un manual de vida; las princesas que nos pintan y parecen suficientemente bonitas, valientes e inteligentes no son de carne y hueso. Veamos la historia de una chica normal, común e imperfecta; quizás esto nos dé un poco de luz sobre el tema del amor.

Un día normal

Para ella era un día normal. Despertó con los primeros rayos del sol y se puso una túnica y luego se cubrió el cabello con un velo. Salió de la tienda y contempló el amanecer; su madre la aguardaba pues juntas molerían el trigo y con la harina formarían unos panes para almorzar. Ella se quitó el sudor de la frente, ya que el calor de la mañana hería a cualquiera. Para su mala fortuna, el bochorno simplemente aumentaría con el paso de las horas.

Sus actividades rutinarias continuaron: hiló, bordó, tiñó unas telas y por la tarde se preparó para uno de sus momentos favoritos. Se colocó el velo y avanzó hacia la fuente de agua fresca donde ella y otras jovencitas se reunirían para abastecer a sus familias con el preciado líquido. Solían ir por agua al ponerse el sol para evitar el calor y en este pozo en particular la mujer debía descender unos peldaños desiguales de piedra, arrodillarse y meter su recipiente en el agua, luego lo sostenía sobre su hombro y ascendía por los escalones nuevamente.

Esa tarde ella no tenía muchas ganas de conversar; por alguna razón se encontraba taciturna, quizás porque había pasado una mala noche. Las demás chicas reían y bromeaban, todas hablando del mismo tema: futuros matrimonios. Varias de ellas ya tenían pretendientes. La casamentera había visitado a las familias y todo marchaba bien. Ella solo deseaba un poco de paz. El dolor de cabeza aumentaba.

Al aproximarse al pozo, contemplaron una caravana; nada nuevo. Por allí pasaban muchas, así que ella no notó nada extraño. Esperó a que las demás llenaran sus cántaros primero mientras continuaban hablando del clima y del hermanito de una de ellas que se raspó una rodilla, y el grupo se desbandó. Cuando llegó su turno, la brisa vespertina la refrescó. Realizó su encomienda y subió los peldaños uno por uno.

Justo entonces un hombre de edad avanzada, con las marcas del cansancio en su rostro, se acercó.

—Por favor, deme usted de beber un poco de agua de su cántaro.

Ella miró alrededor. Sus compañeras habían desaparecido misteriosamente, lo que implicaba que, si accedía, debería volver a bajar por agua para su casa. Pero el rostro del hombre la conmovió.

—Sí, mi señor, beba.

Él lo hizo con desesperación; seguramente venía de lejos. Ella lo contempló con interés. Sus amigas de la infancia solían burlarse de su curiosidad y espíritu aventurero. A ella le gustaba conversar cuando podía y no le gustaba que nadie sufriera, ni siquiera un cabrito atorado en un matorral, y entonces vio a los camellos, diez bestias sedientas y fatigadas.

—También sacaré agua para sus camellos y les daré de beber hasta que se sacien.

Así que, de inmediato, vació su cántaro en el bebedero y volvió corriendo al pozo a sacar agua para todos los camellos. Arriba y abajo, iba y venía. Sabía que los camellos no se saciaban de inmediato, pero algo la hizo concentrarse en vez de hablar. El hombre la observaba en silencio; varias veces lo vio mover los labios como si hablara consigo mismo. Ella se ruborizó ante tanta atención. Finalmente, cuando los camellos terminaron de beber, ella llenó su cántaro para marcharse a casa.

—Espera —le dijo el hombre—. Ten.

Le dio un anillo de oro para su nariz y dos pulseras grandes de oro. Ella se turbó: en el pasado le habían regalado unos panes, unos quesos, algún detalle por sus atenciones, pero esta era la primera vez que recibía algo de tal precio, y antes de poder hablar o rechazar el obsequio, el hombre habló.

—¿De quién es hija usted? —le preguntó—. Y dígame, por favor, ¿tendría su padre algún lugar para hospedarnos esta noche?

—Soy hija de Betuel —contestó ella—, y mis abuelos son Nacor y Milca. Sí, tenemos más que suficiente paja y alimento para los camellos, y también tenemos lugar para huéspedes.

Entonces el hombre hizo algo extraño: se inclinó hasta el suelo y clamó.

—Alabado sea el Señor, Dios de mi amo, Abraham. El Señor ha mostrado amor inagotable y fidelidad a mi amo, porque me ha guiado directamente a los parientes de mi señor.

Lo que empezó como un día normal para Rebeca de pronto se convirtió en un encuentro no planeado y una visita inesperada en casa. Lo que ella no sabía era que algo más grande iba tejiéndose a su alrededor.

Tras bambalinas

Aunque he imaginado y añadido algunos detalles a la escena anterior, quiero ahora ser literal y usar la Biblia para explicar lo que sucedió antes de que Rebeca conociera a este hombre.

Las bambalinas son tiras o lienzos que forman el telón del teatro y ocultan muchas cosas al público; por ejemplo, cuando tú aplaudes a los actores en escena no observas a las muchas otras personas que hicieron posible una producción, como los que maquillan a las estrellas, mueven las luces o pintan la escenografía, y tampoco piensas en el que escribió la obra o compuso la música. Como público solo vemos lo que nos permiten percibir.

En nuestra historia, Rebeca estaba en escena dando de beber a los camellos, pero tras bambalinas el gran autor de su historia había ido preparando todo para este encuentro. La Biblia nos permite espiar detrás de la cortina y enterarnos de que todo comenzó cuando el patriarca Abraham ya era un hombre anciano, su esposa Sara había muerto y él estaba preocupado porque su hijo Isaac, ya de cuarenta años, no tenía esposa.

Así que Abraham llamó a su siervo más antiguo y le dijo: «*Coloca tu mano en mi entrepierna, y júrame por el nombre del Señor, el Dios del cielo y de la tierra, que no dejarás que mi hijo se case con una muchacha de esta tierra de Canaán, donde yo vivo. Para que esto no ocurra, irás a mi tierra, a casa de mi familia, y buscarás allí una esposa para mi hijo Isaac*» (Génesis 24:2-4).

En ese entonces los padres buscaban esposas para sus hijos; hoy en día las chicas pueden ser parte importante de la elección, pero fíjate en lo importante que era para Abraham encontrar una mujer de su pueblo para su hijo. ¿Por qué sería vital que esto sucediera así? Porque Abraham y su familia eran especiales, adoraban a un solo Dios, mientras que las mujeres cananeas practicaban y creían cosas diferentes.

No podemos avanzar en la historia sin detenernos a meditar acerca del peligro de encontrar pareja en el pueblo contrario, y la Biblia no se refiere a la nacionalidad sino a la ciudadanía eterna. Los hijos de Dios tenemos una ciudadanía en los cielos; los que no han creído en Jesús viven para el ahora, pero al morir no irán con Jesús por siempre.

Si has ido a la iglesia desde niña sabes bien que una chica que ama a Jesús no debe fijarse en un chico que desprecie las cosas de Dios o crea algo diferente. ¿Por qué? Porque dos no pueden andar juntos si no están de acuerdo, porque no hay amistad entre las tinieblas y la luz. Más importante que el color de piel o las costumbres para comer alimentos es que Dios te pide que elijas a alguien que comparta tu fe; todo lo demás es cultural y uno puede adaptarse, pero no en términos del corazón.

Si Isaac, el hijo de Abraham, se casaba con una idólatra, la familia de Abraham perdería el sello distintivo de la circuncisión, vivirían como los demás y no recibirían la promesa; del mismo modo, puedo contarte infinidad de ejemplos que he visto sobre matrimonios que sufren porque al momento de casarse uno de ellos era hijo de Dios y el otro no. No me refiero a un matrimonio donde los dos desconocían el Evangelio y ya casados uno escucha y cree sino más bien hablamos de que uno de ellos confiaba en Jesús, y a sabiendas de que su pareja no compartía sus creencias se casó.

He visto las lágrimas de mujeres que hoy sufren porque sus esposos no las acompañan a la iglesia y porque no permiten que ellas les enseñen a sus hijos sobre la fe en Jesús. La sociedad te hará creer que la fe no importa, que lo vital es el amor (aunque ellos poco entiendan sobre el amor), tus compañeros del colegio pensarán que estás loca por poner las creencias como una característica en tu pareja, pero todo esto lo hace el enemigo para confundirte.

En 2 Corintios 6, Pablo ordena: «*No se unan en matrimonio con los que no creen en el Señor, porque ¿qué pueden tener en común la justicia con la maldad? ¿Cómo puede la luz llevarse bien con la oscuridad? Y ¿qué armonía puede haber entre Cristo y el diablo? ¿Cómo puede un creyente estar de acuerdo con un incrédulo?».* Quizás me digas «Yo también conozco a una mujer que se casó con un hombre que no creía en Cristo, pero él es hoy hijo de Dios y son felices», y yo te digo que por la gracia de Dios a esa mujer le tocó la bendición de ver a su marido venir a Jesús, pero no siempre es el caso. Además, te aseguro que esa mujer hubiera preferido que su esposo creyera antes de dar el sí, con lo que se habría ahorrado muchas lágrimas y dolor.

¿Te acuerdas que hemos hablado de los caballos? Necesitan freno, y por eso Dios nos ha dado mandatos. Esos frenos nos ayudan y no nos perjudican, nos protegen y no nos ahorcan. Antes de pensar en tu príncipe azul promete a Dios que darás el sí a un hijo suyo. Tal vez sea peruano, mexicano o japonés, pero lo importante es que su ciudadanía esté en los cielos.

Así que Abraham le pide esto a su siervo, pero él duda y dice:

«—Supongamos que yo no pueda hallar una muchacha que quiera venir conmigo a este lugar. Entonces, ¿debo hacer que Isaac se vaya a vivir al país del cual usted salió?

—¡No! —advirtió Abraham—. Cuídate de no hacerlo bajo ninguna circunstancia. Porque el Señor, Dios del cielo, que me ordenó dejar mi tierra y mi familia, y prometió darme esta tierra como propiedad para mí y mis descendientes, enviará a su ángel delante de ti y hará que encuentres allí una doncella para que sea la esposa de mi hijo. Pero si no lo logras, quedas libre de tu juramento. Pero bajo ninguna circunstancia llevarás a mi hijo para allá» (Génesis 24:5-8).

Aquí encontramos la segunda lección: primero, Abraham busca esposa entre su familia, y segundo, Abraham confía en que Dios se encargará de que el siervo encuentre una esposa para su hijo.

Nunca veremos con nuestros ojos físicos lo que sucede tras bambalinas, pero debemos creer que Dios tiene el control de todo. ¿Crees que Dios se encargará de que encuentres una pareja?

Tropezones

En mi adolescencia cometí muchos errores en el área del amor. Debo confesar que el primero de ellos fue aceptar que un chico que no era del pueblo de Dios me cortejara; como ya te conté, eso duró poco debido a que enfermé de rubeola, pero quizás mi error más grande —y el que me hizo tropezar una y otra vez— se resume en esto: *yo quise encontrar esposo*, no dejaba que Dios se encargara de ir delante de mí para darme una pareja.

¿Cómo saber si estamos impidiendo que Dios actúe? Muchas veces buscamos en el lugar equivocado, en otras palabras, buscamos entre los que no son de la familia de Dios o buscamos con desesperación un novio, ¡quien sea! Tal vez al seguir leyendo sobre Rebeca irás desanimándote, o al ir leyendo estas palabras me dirás «Yo ya tropecé no una sino muchas veces, tuve novios que no eran cristianos y no he tomado en cuenta a Dios. Yo he coqueteado», o peor aún, tal vez me digas «Yo ya tuve relaciones con un chico. Soy indigna». Recuerda que Jesús está a la puerta.

Si reconoces que todo esto (relaciones antes de tiempo, caricias indignas) es pecado, confiésalo a Dios. Confesar es aceptar y decir la verdad ante Dios, confesar es aceptar que hemos fallado, confesar es mirar la ley de Dios y reconocer que la hemos quebrantado.

Dios promete que *«si confesamos a Dios nuestros pecados, él, que es fiel y justo, nos perdonará y nos limpiará de toda maldad»* (1 Juan 1:9). Él te perdonará y te dará una segunda oportunidad; aún puedes hacer las cosas bien. Sí, incluso si ya fallaste Dios puede darte un matrimonio hermoso como a Rebeca, solo decide confesar y hacer las cosas a la manera de Dios de ahora en adelante.

La oración

El siervo entonces sigue las instrucciones de su amo, toma diez camellos y regalos valiosos y se dirige al pueblo donde vive Nacor, hermano de Abraham. Llega a un pozo ya caída la tarde. ¿Y ahora qué?

Entonces hace lo que tú y yo siempre hacemos al final, cuando ya todo es un lío: el siervo ora. No ora después de buscar a la familia de Abraham ni ora cuando ya todo está perdido, ora antes diciendo: *«Señor, Dios de mi amo Abraham, sé misericordioso con mi amo y ayúdame para cumplir el propósito de mi viaje. Mira, aquí estoy junto al pozo de agua, a la hora en que las muchachas del pueblo vienen a sacar agua. Permíteme saber cuál es la joven que tú has escogido para que sea la esposa de tu siervo Isaac. Te suplico que esa joven sea a quien yo le diga: "Por favor, baje su cántaro para que yo pueda tomar un poco de agua", y que me conteste: "Tome usted, y también le voy a dar de beber a los camellos". De esta manera podré estar bien seguro de que en verdad amas a mi amo Abraham»* (Génesis 24:12-14).

Lo que sucedió después ya lo leímos: Rebeca fue esa mujer, Rebeca era la elegida.

En un momento yo pensé que mi oración debía ser así: «Señor, que el primero que me pida ser su novia, que ese sea» o «Señor, que el que me invite al banquete del campamento, que ese sea», pero esta historia nos muestra la importancia de tomar en cuenta a Dios, no de ponerlo a prueba. Yo no comprendí eso al principio; después de muchos años, de muchas lágrimas y romances frustrados un día doblé mi rodilla ante Dios y le dije: «Está bien, Señor, si quieres que me quede soltera el resto de mi vida está bien; si quieres que me case está bien, pero ya no quiero hacer las cosas a mi manera, sino de tu modo».

Esto lo hice más o menos a finales del año 2008 y a principios de 2009 me reencontré con el que hoy es mi esposo. Espero tú no tengas que esperar tantos años para comprender que todas las áreas de nuestra vida deben estar bajo el control de Dios si queremos que todo salga bien. Incluso el personaje principal de esta historia de amor tuvo que aprenderlo: Isaac casi pierde la vida porque su padre Abraham decidió obedecer al Señor.

Lo que más amaba Abraham en la vida era a Isaac, no solo porque era su único hijo legítimo sino porque por medio de él Dios cumpliría sus promesas. Tuvo a Isaac a los 100 años; esperó tanto por él que lo consideraba un tesoro.

Entonces un día Dios le pidió que sacrificara a su hijo. ¿Te imaginas? Dios le pidió lo que más quería; no sé qué hubieras hecho tú, pero yo seguramente hubiera buscado una salida.

Se trataba de una prueba de amor, así que Abraham obedece y Dios le devuelve a su hijo, por así decirlo. ¿Qué es lo que más atesoras en la vida? Tal vez Dios te lo pida: puede ser un auto, un teléfono, un perfume, pero me parece que hay cosas que apreciamos aún más. En mi caso, yo celaba mis sueños de casarme; por encima de Dios estaba mi idea del romance pues creía que, como en los cuentos de hadas, el matrimonio me ayudaría a «vivir feliz por siempre».

Tuve que aprender a poner en el altar mi sueño de casarme, y solo cuando lo hice con suma honestidad (en verdad estaba dispuesta a permanecer soltera si Dios así lo decidía) Dios me dio al que hoy es mi esposo. ¿Has orado respecto a este tema? ¿Le has confesado a Dios lo que sientes por un chico? ¿Quieres que él se encargue de todo o prefieres tomar tú el control?

Dios actúa tras bambalinas. Mientras yo me debatía entre entregar o no mi anhelo, mi futuro esposo regresaba de un lugar lejano para vivir más cerca de donde yo estaba: Dios también estaba trabajando en su vida y preparándolo para el encuentro. Por supuesto que yo no lo sabía, por supuesto que él no lo sabía. Pero así son las historias cuando

Dios las escribe.

Si entrevistas a veinte parejas las veinte te darán historias diferentes, pero lo que tendrán en común aquellas que se casaron con la bendición de Dios será su deseo de obedecerle. Cuando eso se conjunta, Dios se encarga de lo demás.

La aprobación

Como hemos visto, Rebeca no sabía lo que Abraham había pensado ni lo que el siervo oró, simplemente hizo una buena acción y decidió dar hospedaje al viajero. La Biblia nos dice que entonces Rebeca corre a su casa para contarle a su familia todo lo que le había ocurrido.

> Lo que tendrán en común aquellas que se casaron con la bendición de Dios será su deseo de obedecerle.

Pienso que esta parte de la historia es importante pero a la vez poco emocionante para la cultura moderna. Nos han hecho pensar que podemos decidir solas, siendo que los matrimonios durante siglos han sido convenios entre familias. Si tú vivieras en otra época o cultura, tus padres se encargarían de buscarte esposo; hoy las cosas funcionan de manera diferente pero los principios bíblicos siguen siendo vitales.

En la Biblia no encontrarás un versículo que ordene a los padres casar a sus hijos, pero sí se nos manda honrar a nuestros padres: como hijas, nuestro deber es tomarlos en cuenta. Tus padres, aunque no lo creas, son los más interesados en tu bienestar, ellos quieren lo mejor para ti y, como Abraham, tal vez han orado para que elijas a alguien del pueblo de Dios y que sea el mejor esposo para ti.

¿Cómo es tu comunicación con tu madre con respecto a tus sentimientos? Cuando comencé con los tropezones que te he mencionado, platicaba poco del tema con mi mamá; por alguna extraña razón creí la mentira de que a mi madre no le interesaba mi vida amorosa y luego deduje que sus gustos no compaginaban con los míos, y de ese modo fui dándome raspones y heridas hasta que comencé a verla como una amiga más que como una adversaria.

Cuando conocí al que hoy es mi esposo sentí la urgente necesidad de la aprobación de mis padres. Mi corazón me decía que Abraham (así se llama mi esposo) era el hombre para mí, pero me había equivocado tanto en el pasado que no estaba dispuesta a dar un paso sin la bendición de mis padres sobre mi relación. ¡Cuán diferente fue todo cuando ellos aceptaron a Abraham de inmediato! Cuando vi a mi madre conversar con él parecía que se conocían de toda la vida.

Sin embargo, he conocido a chicas que han seguido una relación de noviazgo aun cuando sus padres lo han prohibido o han estado en desacuerdo; no hay nada más triste que una boda a escondidas o una fuga sin la bendición de la familia. Recuerda que cuando haces las cosas bien hay paz y gozo. Conversa con tus padres, preséntales a tus amigos, hazlos parte de tu vida. Ellos no son el enemigo, tus padres son tus más grandes aliados y solo desean tu bien.

Recuerda que cuando haces las cosas bien hay paz y gozo.

 ## La decisión

De ese modo, la familia de Rebeca va por el siervo y él les cuenta todo lo que había sucedido, incluida su oración. No sé cómo se sintió Rebeca al enterarse de que ella era la respuesta a una oración pero supongo que se ruborizó de pies a cabeza.

El padre de Rebeca y su hermano entonces dicen: «*Es evidente que esto es obra del Señor, de modo que en ese caso nosotros no podemos hacer nada. Mire, aquí está Rebeca. Tómela y llévesela, para que sea la esposa del hijo de su amo, tal como el Señor lo ha dispuesto*» (Génesis 24:50-51). Cuando el siervo de Abraham oyó esto, adoró a Dios y llenó a Rebeca de regalos; pasó allí la noche, pero a la mañana siguiente el siervo pidió que lo dejaran emprender el viaje de regreso. La madre de Rebeca titubeó, quería pasar con su hija al menos diez días, pero el siervo les rogó que no lo detuvieran más.

El padre y el hermano de Rebeca entonces deciden dar a Rebeca la última palabra.

—¿Estás dispuesta a irte con este hombre? —le preguntaron.

—Sí —contestó—, iré.

Entonces empacaron sus cosas, la niñera de Rebeca la acompañó y ella partió con la bendición de su familia.

No sé si la historia hubiera sido diferente si Rebeca hubiese optado por esperar en casa esos diez días; ignoro si algo trascendental habría cambiado, pero lo cierto es que toda relación romántica, a final de cuentas, es una decisión.

Debes tener cuidado con lo que la sociedad pretende enseñar. El amor no es un sentimiento, el enamoramiento sí lo es. Enamorarse es en sentido literal aficionarte a alguien, es lo que sientes por un equipo de fútbol o un grupo musical. Yo no quería que un chico se enamorara de mí, es decir, que me viera como la nueva moda en su vida; yo deseaba que un chico me amara, porque el amor es un compromiso, una decisión o un pacto.

Como vimos en el capítulo anterior, el amor es un símbolo de madurez. Si tú eres una adolescente, ¿crees estar lista para una relación formal? La sociedad dicta que puedes tener muchos novios y probar con quién te sientes bien, pero Dios está en contra de eso. ¿Por qué? Porque la relación de pareja no solo es algo sagrado

que él diseñó desde el principio sino que también refleja la santidad de la relación que Jesús tiene con su Iglesia, con todos los que han creído en él.

Hemos visto que el amor de Cristo es incondicional: él te amará siempre, él te entiende, él cumple su parte del trato, y lo mismo espera que tú hagas con el que será tu esposo. Rebeca tomó la decisión de ir con ese siervo para casarse con un hombre al que no conocía.

Hoy Dios te pide algo similar. ¿Estás dispuesta desde ahora a guardarte para quien será tu esposo, aun cuando probablemente todavía no lo conozcas? ¿Estás dispuesta desde hoy a ser responsable y a amarlo con todo tu corazón, es decir, con seriedad y compromiso?

Suena más sencillo seguir la corriente de la sociedad probando con uno y con otro y parece más fácil hacer lo que todos hacen; uno creería que lo difícil es guardarse y esperar. Te contaré algo: cuesta trabajo esperar. Después de esos tropezones que me dejaron heridas profundas esperé diecisiete años al que hoy es mi esposo y muchas veces me vi tentada a rebelarme otra vez, pero sin embargo hoy veo que aunque costó esperar me hubiera costado más caro equivocarme.

Piensa en el alto costo de las caricias excesivas, de relaciones prematrimoniales o del andar con muchos novios. Puedo mencionarte algunos resultados: un embarazo no deseado, casarte joven y sin realmente amar a tu pareja, una mala reputación, vergüenza, culpabilidad, baja autoestima, enfermedades venéreas, heridas, abusos y demás. ¿Crees que eso vale la pena solo por no querer esperar?

La bendición

Rebeca se despide y su familia la bendice: «*Hermana nuestra, ¡que seas madre de millones de hijos! ¡Que tu descendencia conquiste las ciudades de sus enemigos!*» (Génesis 24:60). Luego, ella y sus siervas montan los camellos y emprenden el viaje. ¿Qué pensaba Rebeca mientras cruzaban el desierto y las praderas? ¿Se sentía nerviosa? Supongo que sí. ¿Le preguntaba al siervo cómo era su futuro marido? Seguro que sí.

La Biblia nos cuenta que una tarde Isaac caminaba por los campos y meditaba, cuando levantó la vista y vio que se acercaban unos camellos. Rebeca también levantó la vista y vio a Isaac. Se bajó enseguida del camello y preguntó al siervo «*¿Quién es ese hombre que viene a nuestro encuentro caminando por los campos?*», y él contestó: «*Es mi amo*». Rebeca se cubrió el rostro con el velo. Conocía las costumbres de la época: ella era una virgen y debía mostrar prudencia. Isaac entonces se acercó y el siervo le contó todo lo que había hecho.

Luego Isaac llevó a Rebeca a la carpa de Sara, su madre, para darle el lugar que le correspondía, y Rebeca fue su esposa. Él la amó profundamente y ella fue para él un consuelo especial después de la muerte de su madre.

En los cuentos de hadas añadirían: «y fueron felices por siempre», pero eso no sucedió. Años más tarde enfrentarían la esterilidad de Rebeca, luego Isaac mentiría sobre su relación y pondría a Rebeca en peligro, después tendrían dos hijos que pelearían más de una vez (Rebeca siempre favoreció a uno e Isaac al otro) y al final las artimañas de Rebeca para que su hijo consentido consiguiera la bendición harían que él se marchara de su lado y no volviera a verlo.

¿Por qué te cuento todo esto? ¡Estoy echando a perder la historia! Solo quiero hacer lo que la Biblia: mostrar al ser humano como es, como somos, como seremos. Rebeca seguramente olvidó que todo giraba en torno a Dios, probablemente quiso hacer las cosas a su manera y no oró como el siervo, pidiendo que Dios se encargara de las cosas.

Sin embargo, Rebeca e Isaac —aun con sus diferencias— tuvieron un matrimonio bendecido por Dios. Isaac la amó profundamente y ella le fue de consuelo. ¡Qué hermoso cuadro!

Un final feliz

Te he contado un poco de mi propia historia de amor. En estos momentos en que escribo este libro tengo dos hijos y amo profundamente a mi esposo, pero hemos tenido días buenos y días malos. A veces discutimos, en ocasiones no nos entendemos el uno al otro y estamos aprendiendo a resolver nuestras diferencias y a comunicarnos, pero estoy consciente de que el final feliz no fue después de la boda ni después del nacimiento de mi primer hijo. No quiero vivir pensando que «el día en que esto pase, entonces…».

El verdadero final feliz de nuestras historias llegará pero no en la forma de un cuento de hadas sino en el cumplimiento de algo más grande que nosotras mismas. Tú y yo somos un grano de arena en la gran playa de Dios, somos una estrella más del firmamento, y aun así Dios ha tomado a este granito de arena, a esta estrellita medio titilante, y nos ha hecho sus hijas.

El «vivieron felices por siempre» será cuando estemos en la presencia de Dios.

El gran final será el día en que estemos con Jesús, la gran boda será cuando Jesús tome a su Iglesia y la presente con vestiduras blancas ante su Padre. El «vivieron felices por siempre» será cuando estemos en la presencia de Dios.

Por eso, la decisión más importante de tu vida es qué harás con Jesús. ¿Es tu Salvador? ¿Es tu Señor? ¿Esperas su venida?

Es curioso que Isaac no hace nada «activo» en la historia de Rebeca: por así decirlo, Isaac solamente estaba esperándola. Por supuesto que la recibió con los brazos abiertos, y del mismo modo, creo que un chico está esperándote en algún lado. Dios ya

Dios ya tiene todo bajo control, solo basta que tú quieras obedecer y seguir sus instrucciones.

tiene todo bajo control, solo basta que tú quieras obedecer y seguir sus instrucciones.

Pero alguien más te espera. Tú sabes quién es él porque de él se trata este libro; él está a la puerta y está llamándote, te espera y siempre te esperará, tal como eres. No tienes que ser suficientemente «buena» para venir a él: hoy es el día de la oportunidad. Mañana puede ser demasiado tarde.

palabras
finales

Alguien te ama. Alguien te entiende. Alguien te necesita. Alguien te espera.

Pareciera que no hay más que decir, así que solo quiero contarte una última historia.

El tránsito ligero de la tarde permitía que la carretera animara al conductor a acelerar. Parecía que Felicia no desaprovecharía esa invitación, así que aumentó los kilómetros por hora. Notó la tensión de su padre cuando este se sujetó del asiento, verificando que su cinturón de seguridad se hallara bien afianzado.

El auto, recién salido de la agencia, volaba por el pavimento. ¡Qué suavidad al cambio de velocidades! ¡Esto era vida! Felicia tenía 18 años, estrenaba su licencia de conducir y el auto era regalo de su padre por haber terminado la preparatoria. Lo único que le faltaba para sentirse completa se traducía en su relación con Esteban.

—Hija, aún eres joven. Debes estudiar, terminar tu carrera, viajar y esperar la voluntad del Señor —le dijo su madre cuando ella le confesó que planeaba casarse con Esteban.

—Son tan jóvenes… —le dijo su padre esa misma tarde—. ¿Están seguros de este paso?

¿Quién sabía lo que le convenía sino ella? Felicia se casaría con Esteban, no sus padres. ¿Y la voluntad del Señor? Suspiró pesadamente mientras observaba un auto por el retrovisor. Esteban no era hijo de Dios, ni siquiera asistía a la iglesia, ¡pero la amaba! Seguramente Dios —quien también la amaba— le concedería una oportunidad; tal vez después de casados él reconocería su necesidad de Cristo.

—Papi, sé que piensas que no estoy lista para conducir, pero ya aprendí que no es bueno tomar atajos y que debo seguir las reglas de tránsito. Sé que la última vez que salimos casi choco con un árbol, pero esta vez será diferente. ¿Lo ves? Tengo todo bajo control.

Kilómetros más adelante ella esquivó un bache con algo de dificultad. Frustrada, se mordió los labios: ahora su padre pensaría que no era tan buena después de todo. Le agradaba la compañía de su padre, lo quería mucho, pero este era *su* auto. Y conocía a su progenitor: si él tomaba el volante, andaría por aquellas complicadas rutas que tanto deleite le causaban. ¡Para qué si existían las súper carreteras!

—No todo lo que la mayoría hace es correcto —dijo su padre, recordando las palabras de su esposa—. Eres muy joven para una relación. Además, Esteban no quiere saber nada de Dios.

—Entonces, ¿por qué el Señor no manda muchachos guapos e inteligentes como Esteban a la iglesia?

—Calla, Felicia —la reprendió su madre—; él sabe lo que es mejor para ti. Tal vez necesites aprender a tener paciencia.

—Mami, estoy enamorada. ¿No entiendes? ¡Esteban es un buen muchacho! No olvides que el tío Saúl tampoco era creyente cuando se casó con la tía Catalina, y ahora son felices.

Su madre cerró los ojos.

—¿Eso crees? Sí, hija, gracias a Dios ahora se llevan bien, pero tuvieron muchos problemas durante años. ¿Quieres sufrir por tu terquedad?

—Nadie sabe lo que es mejor para mí, solo yo; yo dirijo mi destino y estoy convencida de que seré feliz al lado de Esteban.

Comenzaron a ascender una empinada cuesta. El carro se sacudió haciendo un ruido extraño; su padre mantuvo la vista al frente, aunque de reojo Felicia percibió unas gotas de sudor en su frente.

«Todo está bien», se repitió Felicia. «Yo tengo el control».

La oscuridad cayó sobre ellos sin previo aviso. Las nubes cargadas de lluvia amenazaban la tarde con truenos y relámpagos. Ella encendió los faros al caer las primeras gotas. Ahora sí sentía miedo.

—¿Estás bien? —le preguntó su padre.

—Sí —mintió ella.

Los limpiaparabrisas recorrían el vidrio rápidamente, pero aun así le costaba mucho trabajo visualizar el panorama.

—Nadie sabe el futuro sino Dios —la voz de su madre retumbó en sus oídos—. Es difícil ver cuando la impetuosidad de la juventud te ciega. Deja que Dios sea la luz que alumbre tu sendero; estoy convencida de que él tiene a un buen muchacho para ti, alguien que lo ame a él antes que a ti.

En eso, un rayo de luz permitió que observara al camión que descendía a toda velocidad sobre el mismo carril. Ni siquiera la bocina le advertiría al chofer de la presencia del auto a tiempo para detenerse. El freno estaba atorado. A su izquierda se hallaba un profundo precipicio y a su derecha un muro de piedra. «¡Pronto moriré!», pensó.

—¡Ayúdame, papá!

—¡Dame el volante!

—¡No puedo! —lloraba salvajemente—. ¡No quiero!

No había tiempo que perder. Felicia se hizo a un lado y su padre maniobró justo para evitar un accidente. Cuando el camión pasó de largo y ambos recuperaron el aliento, Felicia miró a su padre, y él la tomó de la mano.

—Dame el control.

Felicia obedeció. Esa noche, Felicia entendió que el problema no solo era el auto sino ella misma, así que oró:

—Señor, tú me creaste y eres mi Padre. Así como solo mi papá supo destrabar el freno, solo tú sabes cómo enmendar mi vida, así que ya no quiero equivocarme. Toma el volante, Señor, conduce tú el auto de mi vida.

notas

Notas

Notas

Notas

Bibliografía

Alcott, Louisa May. *Mujercitas*. Editorial Trillas, 1989.

Anónimo. *Pregúntale a Alicia: el diario íntimo de una joven drogadicta*. Punto de Lectura: 2006.

Benge, Janet y Geoff Benge. *La intrépida rescatadora: la vida de Amy Carmichael*. YMAM Publishing, 2004.

Bingham, Derick. *The Wild-bird child: a life of Amy Carmichael*. Ambassador International, 2019.

Carmichael, Amy. *El amor del Calvario: Si yo… entonces no conozco del amor del Calvario*. CLC, 2001.

Elliot, Elizabeth. *A chance to die: the life and legacy of Amy Carmichael*. Revell, 2005.

Frank, Anne. *El diario de Ana Frank*. Editores Mexicanos Unidos, 1981.

Hugo, Víctor. *Los miserables*. Editorial Porrúa México, 2007.

Nimmo, Beth. *The journals of Rachel Scott: a journey of faith at Columbine High*. Thomas Nelson Publishers: 2001.

Rose, Darlene Deibler. *Evidence not seen*. Harper Collins, 1990.

Scott, Darrell. *Rachel's tears: the spiritual journey of Columbine martyr Rachel Scott.* Thomas Nelson Publishers: 2000.

Van Stone, Doris. *No place to cry.* Moody Publishers, 1992.

Van Stone, Dorita. *Dorita: La niña a quien nadie amaba.* Editorial Vida, 1985.

Sé parte de la mayor COMunidad de educadores cristianos

Sigue en todas tus redes a
/e625COM

e6 25
INSTITUTO
ESPE
CIALI
DADES
/ InstitutoE625

TU MINISTERIO
SUBIRA
DE NIVEL

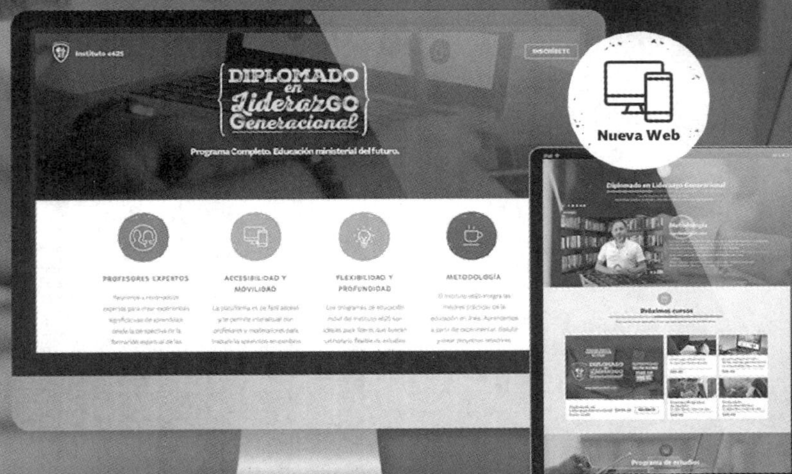

Instituto e625
DESCÚBRETE
DIPLOMADO
en
LiderazGO
Generacional
Programa Completo. Educación ministerial del futuro.
Nueva Web
PROFESORES EXPERTOS
ACCESIBILIDAD Y
MOVILIDAD
FLEXIBILIDAD Y
PROFUNDIDAD
METODOLOGÍA
Diplomado en Liderazgo Generacional
Pedimos cursos
Programa de Estudios

www.InstitutoE625.com

ALGUNAS PREGUNTAS QUE DEBES RESPONDER:

¿QUIÉN ESTÁ DETRÁS DE ESTE LIBRO?

Especialidades 625 es un equipo de pastores y siervos de distintos países, distintas denominaciones, distintos tamaños y estilos de iglesia que amamos a Cristo y a las nuevas generaciones.

e625.com

¿DE QUÉ SE TRATA E625.COM?

Nuestra pasión es ayudar a las familias y a las iglesias en Iberoamérica a encontrar buenos materiales y recursos para el discipulado de las nuevas generaciones y por eso nuestra página web sirve a padres, pastores, maestros y líderes en general los 365 días del año a través de **www.e625.com** con recursos gratis.

zona de contenido
PREMIUM

¿QUÉ ES EL SERVICIO PREMIUM?

Además de reflexiones y materiales cortos gratis, tenemos un servicio de lecciones, series, investigaciones, libros online y recursos audiovisuales para facilitar tu tarea. Tu iglesia puede acceder con una suscripción mensual a este servicio por congregación que les permite a todos los líderes de una iglesia local, descargar materiales para compartir en equipo y hacer las copias necesarias que encuentren pertinentes para las distintas actividades de la congregación o sus familias.

¿PUEDO EQUIPARME CON USTEDES?

Sería un privilegio ayudarte y con ese objetivo existen nuestros eventos y nuestras posibilidades de educación formal. Visita **www.e625.com/Eventos** para enterarte de nuestros seminarios y convocatorias e ingresa a **www.institutoE625.com** para conocer los cursos online que ofrece el Instituto E 6.25

¿QUIERES ACTUALIZACIÓN CONTINUA?

Regístrate ya mismo a los updates de **e625.com** según sea tu arena de trabajo: Niños- Preadolescentes- Adolescentes- Jóvenes.

¡APRENDAMOS JUNTOS!

e625.com   🅕 🅣 🅞 ▶ /**e625**COM

e625
te ayuda todo el año

www.e625.com te ofrece
recursos gratis